JN119502

暮らしにかかわる法律と税金

税理士
遠藤　みち

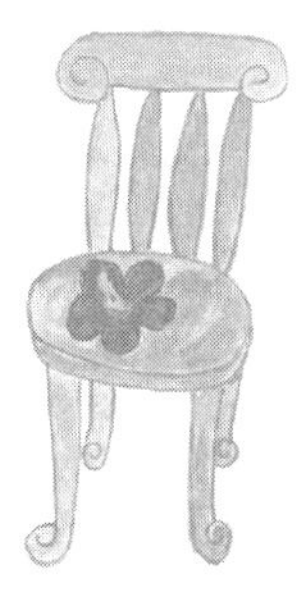

Bkc

はじめに

第二次大戦後、1946年に制定された新憲法第24条に「家庭生活における個人の尊厳と両性の平等」、すなわち「夫婦が同等の権利を有することを基本」とすることが謳われ、このもとに改正された民法第3条においても「私権の享有は、出生に始まる」とされ、男女の区別はされていません。そして「配偶者は常に相続人となる（民法第890条）」と規定され、配偶者にも相続権が認められました。

つまり女性は、それまでの無能力者から法律的に解放されました。とはいえ、実質的に夫婦が平等となるには長い年月を要し、いまだ実現しているとは言い難い面もあります。

私が国民学校（現在の小学校）在学中に突入した太平洋戦争は、原爆によって敗戦を迎えました。そして、それまでの軍国主義から180度転換し、民主主義が謳歌される時代に第1期の新制中学、新制高校で学びました。このことから「男女は平等であるべきである」ということは、私の信念となりました。

そして、税理士になってから夫婦財産制を学んだとき、「自己の名で得た財産は、その特有とする」とする「別産制」（民法762条）が採られていること、すなわち夫婦が共に働いて、それぞれ自分で財産を形成していくことができるようになっていること、また、相続の際には、それまで相続権のなかった配偶者にも、戦後の民法で配偶者の相続権が定められていることなどを知りました。

かつては、夫が収入を得、妻は家庭にいて夫を支え、内助の功を尽くすのが当たり前の時代でした。しかし、少子高齢化が進んだ今日では、社会保障制度を維持していくために、女性も収入を得、自分の財産を築いていくことだけではなく、税金や社会保険料を支払っていくことが必要です。

ちなみに、近年の共働きの割合は、１９８０年は約33%、２０００年に約44%、２０１４年には約62%（総務省資料より算出）と確実に増加しています。政府が少子高齢化対策の一環として「働き方改革」を掲げたこともあり、２０１９年には専業主婦世帯６００万弱世帯に対し、共働き世帯は約１２５０万世帯に増加しています（総務省「労働力調査」ほか）。

しかし、就労形態としては、多くの男性が正社員としてフルタイムで働いているのに対し、少し古い数値ですが、女性はパート・アルバイト就労が約62%（エン・ジャパン調べ２０１５）です。これは一般的に女性（妻）が家事育児を主に担い、配偶者控除や配偶者特別控除が受けられる範囲で働くことが「夫婦間で最も節税になる」と国民の間に広く浸透しているからでしょう。

これでは、妻は自分自身の財産を形成することが難しいことになります。もし、妻が夫より長生きをすれば、相続でやっと自分の財産を取得することになるのです。

このような状況を踏まえ、これからの妻は、内助の功により夫から財産を分けてもらうのではなく、自分が働いて自分自身の財産を作っていくべきであると強く思ったのです。この思いを込めて、２００1年に『これからの家族と財産』（株式会社ビーケイシー）を出版いたしました。

この時から20年が経過しました。この間、社会は大きく変革しましたが、妻が財産を形成していくという点についてはいまだ実現されていないと思っています。たとえ働き続けていたとしても、家事育児を担うことから多くはパートタイマーやアルバイト就労であるという現状では、夫と同等に財産を形成することは難しいでしょう。

この相変わらずの現状から、これからの女性はこの壁を乗り越えて就労することが望ましいという思いを込めて執筆したのが、『戦後70年の軌跡を踏まえて――両性の平等をめぐる家族法・税・社会保障』（日本評論社、２０１6年、昭和女子大学女性文化特別賞受賞）の著書です。この本を読んだ高校時代の同級生からは、次はもっとやさしいものを書いてと言われつつ、早くも5年が経過してしまいました。

折しも２０１8年には、約60年ぶりに相続法が改正され、「配偶者居住権」という新たな権利も創設されました。この改正は、妻にどのような影響を与えるのか…。

ちょうどこのようなタイミングに再び執筆のお声かけをいただき、高齢ながらなんとか本書を出版することができました。

本書は、ジェンダーの視点に立って、夫婦のあり方、それが結婚のとき、離婚のとき、相続のときにどうなるのか、そして親子の関係も視野に入れ、家族や財産を中心とした身近な知識として知っておきたい基本的な事柄についてまとめたものです。

最後になりましたが、本書の企画から編集にあたり、株式会社ビーケイシーの玉木伸枝さんには、適切な助言をいただきました。大変お世話になりましたことを、厚くお礼申し上げます。

2020年12月

税理士　遠藤みち

第1章 結婚すると

法律

税金

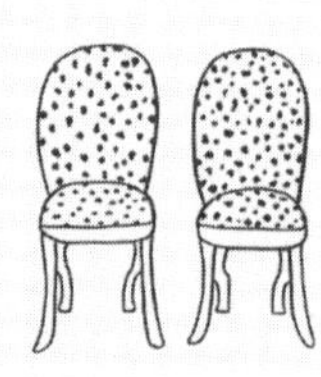

第2章 離婚すると

法律

税金

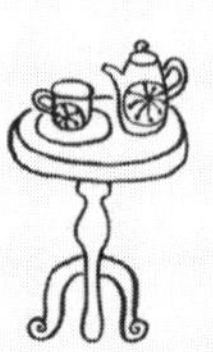

第3章 家族や親子の関係

法律

税金

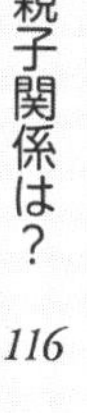

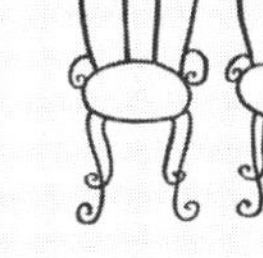

第4章 相続をする

法律

目次

税金

※本書は2020年12月現在施行の法令等に基づいて編集されております。

第1章

結婚すると

法律・税金

1-1 夫には妻を養う義務がある？

夫婦は同居し、互いに協力・扶助する義務がある

夫婦の関係は憲法と民法に規定がある

法律上の夫婦となるには、婚姻届の提出が必要です。憲法では「婚姻は、両性の合意のみに基づいて成立し、夫婦が同等の権利を有することを基本として、相互の協力により、維持されなければならない」と規定されています。また、民法では、夫婦は同居して、お互いに協力し扶助することが義務づけられています。この「扶助義務」は「扶養義務」とは違い、夫婦がお互いに経済的に助け合い、同等の生活を保持する義務をいいます。

夫婦は同居し、協力・扶助し、婚姻費用は分担することになっている

正当な理由がないのに相手が同居しない場合には、同居の調停・審判を請求することができます。夫婦共同生活の維持が困難な場合には同居を強いることはできませんが、別居期間が1年余りのケースでは、夫婦関係は破たんしていないとして同居を命じた判決もあります（２００９年）。

「協力・扶助」とは、家事や育児・介護等をお互いに分担して、共同生活を維持することです。また、夫婦が生活をしていくために必要な費用は、資産や収入そのほかの事情を考慮して、夫婦

で分担すると決められています。

お互いに同一水準の生活を維持する

夫婦間の「扶助義務」は、一方が他方を扶養するという関係ではありません。お互いに経済的にも助け合うということですから、相手が扶助されなければならない状態になったときは、自分の生活と同じ水準を維持させる義務があります。

たとえば、夫が病気で働けなくなったら妻が家を出てしまった、などという場合は、夫が請求すれば、妻に扶助義務を負わせることができます。妻が応じないときは、妻の収入や財産を差押えるなどして、義務を強制的に行わせることができるとされています。

生活費の分担は家事労働でもよい

費用を分担するといっても、専業主婦はどうすればよいのでしょうか。夫婦の生活費の分担とは、必ずしも金銭的な負担だけをいうのではなく、専業主婦が一般的だった時代は「家事を分担する」という方法であってもよいと考えられていました。

ですから、かつて専業主婦は家事労働で分担している割合が高かったのですが、共働き世帯の増加により、家計費を直接金銭で分担する割合が高くなっているといえます。

とはいえ、育児や介護などにより離職（一時的なものも含めて）せざるを得ない場合もあり、その役割の多くは女性が担っているという実態があります。希望する人が働き続けられるよう、公共施設の増設などが望まれます。

1-2 夫婦の姓は同じでないといけない？

民法では夫婦同姓と決められている

「家」意識から抜けられない？

夫婦は、婚姻の際に「夫または妻の氏を称する」、つまり夫婦は同氏でなければならないと民法で決められています。かつて明治民法では夫婦・親子は同氏、同籍とされ、これが「家」制度の基礎になりました。戦後の民法で「家」制度は廃止されましたが、いまだに家を継ぐという意識は残っており、多くは夫の姓を名乗っています。

法律上は夫婦平等なのですが、姓の変更をするのは多くの場合、妻であることから、夫婦の実質的平等に反するという見方もあります。

夫婦別姓にしたい、という強い要望もある

たとえば、次のような意見があります。

○「夫婦同姓」は、「家」制度の名残をひきずっているので、それを変えたい。
○氏名は人格の象徴であり、人格権を構成するものであるから、変更したくない。
○氏名は学校や職場、その他さまざまな社会生活で使用してきているので、結婚前までに、すでに

氏名権といったものが確立されている。変更を強制されるのは、憲法の「個人の尊重」「幸福追求の権利」「両性の平尊」といった精神に反する。また、氏名保持権としての氏名権が侵害される。
○改姓した場合、不利益や不便がある。たとえば、社会的に活動してきた業績などが失われることや、運転免許証、預金通帳、健康保険証、年金手帳、保険、各種のカードなど、実にさまざまなものを変更しなければならない。

ちなみに、「夫及び妻としての同一の個人的権利（姓及び職業を選択する権利を含む）」とした女子差別撤廃条約（1985年）に実質的に違反する、という意見もあります。

夫婦別姓には現在も根強い反対がある

最高裁でも同姓は合憲とされました（2015年）。夫婦別姓に対する主な反対意見としては、夫婦結合の表れとして同姓のほうがふさわしく、夫婦・親子あるいは同一世帯の兄弟・姉妹でそれぞれ姓が異なるのは、家族の崩壊につながる、といったものです。

結婚によって姓を変えたくないと、事実婚を選択する人たちもいます。近年、共働きでは夫婦別姓も増えてきました。ただここで問題になるのは、生まれてくる子の姓です。別姓の場合、出産という事実から通常は母親の籍に入れますが、父親とは異なる姓になります。成年に達したときに子自身が選択できるなどの手当ても必要でしょう。

今後の法改正が望まれるところですが、むしろ後退している現状です（⬇コラム3）。

1-3 結婚と事実婚はどう違う？

事実婚では法律上、認められないこともある

婚姻届の提出の有無によって異なる

法律上の婚姻は、婚姻届の提出によって成立します。しかし、夫婦別姓が認められていない現在、多くの女性が働き続けていくうえで、「結婚しても姓を変えたくない」などの理由から、周囲に結婚したことは披露していても、婚姻届は出さないという人も増えています。このようなケースを「事実婚」といいます。

かつては、親の同意がなければ、式をあげて同棲生活をしていても、男性30歳、女性25歳まではは婚姻届を出せない、または子どもが生まれるまでは、嫁として認められず、婚姻届を出せないなどの状態を「内縁関係」といっていました。しかし、現在の民法では、結婚に親の同意を必要とする規定はないので、かつての内縁関係はなくなりました。

事実婚の場合、法律で認められないことがある

事実婚は、法律上の夫婦ではありませんので、法的に認められないことがあります。

①相続権がない…配偶者は法定相続人になりますが、事実婚では相続権がありません。

②税法上も配偶者としての権利が受けられない…たとえば、所得税や贈与税の配偶者控除、相続税の配偶者税額軽減などが受けられません。

事実婚では、このような不利益を覚悟のうえでの選択でしょうが、事実婚によって生まれた子は非嫡出子（法律上の婚姻関係がない男女の間に生まれた子）となり、かつては相続上、不利な取り扱いがされていましたが、現在は改正されています。

また、以前は非嫡出子の出生届の父母との続柄欄に、「男」または「女」とだけ記載されていましたが、改正により、２００４年11月1日から、母が分娩した非嫡出子の出生の順に長男（長女）、二男（二女）などと記載され、嫡出子と同じになりました。

すでに戸籍に記載されている非嫡出子について「長男（二男）」「長女（二女）」などにしたいときは、申出により続柄欄の記載が改められます。また、戸籍の続柄欄の記載を改めた事実を残さないようにしたい場合は、申出により戸籍は再製されます。

事実婚の場合でも認められることがある

事実婚であっても、扶助義務があり、離婚する場合の権利義務や、夫婦の一方が相手方のために損害賠償などの請求をすることはできます。また、死亡退職金の受給権や慰謝料の請求は、判例で認めています。年金や労災などの受給も、他の法律で認められています。

今日では、まずは事実婚をしてみて、パートナーが納得すれば婚姻届を出す場合も多いようです。

1-4 夫婦の財産はどちらのもの？

民法上の夫婦財産制は「別産制」

大きく分けて、別産制と共有制がある

夫婦間の財産のあり方を「夫婦財産制」といい、大きく分けると「別産制」と「共有制」があります。自分の名前で得たものは自分の財産とする制度を別産制といいます。たとえば夫が働いて受け取る給料は夫のものです。これに対して共有制は、どちらの名前で取得しようと、すべての財産、借金も含めて夫婦の共有となります。共有制では、夫の給料の受取りにも妻の委任状が必要になります。民法では、夫婦財産制を別産制としています。

別産制は実質的に不平等という批判もある

明治民法では、妻が持参した財産は妻の所有を認めていましたが、その財産を管理し、収益を受ける権利は夫にありました。また結婚後に作られた財産でも、離婚の際に清算するという考え方もありませんでした。

戦後の民法では、夫婦それぞれが自立して生活を営み、財産を作って管理する別産制としました。

しかし、これでは専業主婦の場合、夫に協力して家事・育児に専念しても自分の財産が作れないことになります。そういった面から夫婦の実質的な平等が図れないという批判もあります。

別産制と個人単位課税は憲法に違反しないという判例

夫の給与所得や事業所得は妻の家事労働の協力によるものだから、半分は妻のものであるとして、夫と妻で半分ずつ確定申告をした納税者がいました。しかし、これが認められなかったため訴訟を起こし、別産制は憲法の「家庭生活における個人の尊厳と両性の平等」に違反すると主張した事例があります。これに対し最高裁は、妻の協力を認めながらも、民法には、財産分与請求権や相続権、扶養請求権などが規定されていて、夫婦相互の協力、寄与に対しては、これらの権利を行使することで最終的には夫婦間の実質上の不平等が生じないように配慮されており、別産制も個人単位課税も憲法（両性の本質的平等）に違反しないとしました（1961年）。現在でもこの考え方がとられています。要するに、夫婦円満であればどちらの名義であってもよいということです。

夫婦は各自自立する、という意味から別産制は維持されている

かつて、別産姓は実質的に不平等ということから、共有制にしては、という議論がされましたが、夫婦それぞれが個人として自立するという意味から別産制が維持されています。とはいえ、実質的な不平等を解消するために、配偶者相続分が3分の1から2分の1に引き上げられました（1980年）。2018年の改正でさらに3分の2への引き上げも議論されましたが、反対が多く実現しませんでした。その代わりに「配偶者居住権」が創設されています（➡4-3）。

女性の社会進出の進展によって、自分が収入を得て自身の財産を作ることで、実質的な不平等がなくなることを期待します。

1-5 専業主婦は自分の財産が作れる？

夫婦の間で共有と考えることはできるが、共有名義にはできない

自分の名で得た財産は自分のもの

民法では、夫婦財産制を別産制としていますので、自分の名で取得した財産は自分のものとするように決められています。

たとえば、夫の収入で購入した自宅は夫のもの、ということです。しかし、夫の収入といえども、妻が家事や育児を分担するという協力なしには購入することができなかったということもまた事実でしょう。このような妻の家事労働は法的にも評価されないと、妻は自分の財産の形成ができず、不平等ということになってしまいます。

そこで、近頃では、家事労働の評価が、積極的に行われるようになってきました。たとえば、離婚した場合の財産分与や、交通事故で亡くなった専業主婦の逸失利益（本来得られるべき利益）の判例などでも、家事労働の評価から計算されています。

家事労働はどのように評価する？

離婚する場合、婚姻中にどれだけ財産ができたか、それに対する妻の寄与度（貢献度のこと）はどのくらいかという割合で評価されます。その際に基準となるのが平均賃金です。かつては女子の平均賃金で計算されていたので評価額は低くなっていましたが、２００２年に全労働者平均賃金を基に算定した判決が出されたことで、評価額が少し上がりました。この判決が出されるまでに、30年近くかかっていますが、この間、男女平等の意識が高まってきた結果と言えましょう。

ところで、２０１８年の男女間賃金格差（男女間の賃金水準の相対的な開き）は、男性１００に対して、女性73・4となっています。この26・6の差は、１９７６年以降で過去最少の数値です（厚生労働省２０１８年）。差は小さくなってきています。

夫名義の財産に対して夫はどう考えているか

民法学者・我妻栄氏は、「印税の半分は、さい（妻）のもの」「さいが日常の雑用をすべてやってくれ、私は研究や原稿を書くことに専念できたからです」と明言されていました。１９７３年のことです。非常に進歩的な考えの学者で、配偶者相続分の引き上げなどに尽力されました。

共稼ぎであれば各自名義の財産は作れます。問題は、出産や育児を担う妻の場合、夫と同等には働けない期間があることです。したがって、離婚の場合の財産分与や、相続の場合には考慮されるべきと考えられています。

今日では、男性も育児休暇をとることが奨励されています。しかし、現実的にはまだまだ厳しいようです。とはいえ、夫婦共に働き、家事・育児も共に担う世代が確実に増えていることもまた事実です。自身の財産形成がなされることが望まれます。

1-6 「へそくり」はだれのもの？

民法では夫婦のもの（共有）となる

特有財産以外は共有財産と考える

共有財産が何かを特定するには、まず夫婦それぞれの特有財産を確定します。特有財産となるものは、各自が自分の収入で得たもののほか、結婚前から所有していた預貯金や、相続・贈与で取得した不動産、そこから発生する家賃収入などです。この特有財産以外の結婚後に作られた財産、たとえば家財道具などは共有財産と考えます。いずれに属するか不明のものは、共有と推定されます。

特有財産を限定して考える

民法でこの特有財産を限定することによって、共有財産となるものをできるだけ広く解釈することは、夫婦平等という観点で、専業主婦に対する配慮からでした。

現在では、婚姻におけるパートナーシップ（英米で認められている共同企業経営の一種）という考え方から、夫名義の給料でも、日常生活上は共有という考え方もあります。

「へそくり」は裁判で共有としている

専業主婦の「へそくり」による預貯金などは、夫の特有財産か、夫婦の共有財産かで争われた事例があります。夫婦間で特約がない限り、夫婦の共有財産とされました（1971年）。また、夫が収入の一部を生活費として妻に渡した場合、生活費は夫婦共同生活の基金としての性質をもつから共有財産であり、その剰余金を夫名義の定期預金としても夫婦共有財産であるとしています（1984年）。

へそくりにも税金がかかる

扶養義務者間の生活費や教育費のための贈与は、必要とされる範囲で課税されません。しかしその剰余金は、判例では民法上共有と認められても、税法上はその名義を妻に変更すれば、1年間で110万円（贈与税の基礎控除）を超える部分は、贈与税の対象となってしまいます。つまり、夫から妻への贈与とみなされ課税されるのです。

日本と同様に、別産制を採用しているイギリスでは、妻を保護する目的の「既婚婦人財産法」（1964年）があり、これが「へそくり法」ともいわれています。夫婦が居住する諸費用等のために夫から手渡された金銭や、その金銭からの貯蓄の半分について妻の権利が認められています。そして、このような夫婦間の贈与に課税はされません。

ですから、日本の場合、夫の名義となっていても、毎年110万円の範囲で贈与を受けておくとよいでしょう。ただし、3年以内に相続が発生すれば、相続財産に加算されます（不動産の贈与については⬇1－16）。

余談ですが、作家の遠藤周作氏は、ギャラの現金受取り分に対して、税務署から申告漏れの通知がきたことで、奥さんに「へそくり」が発覚し、悲嘆にくれたそうです（「税のしるべ」より）。

1-7 妻の借金を夫が支払う義務はある？

日常の家事債務は、夫婦の連帯責任となる

連帯責任の目的は取引の安全性を図るため

民法では、夫婦のどちらかが日常の家事に必要な品物を買ったりして借金が生じたとき、夫婦は連帯してその責任を負うと規定されています。これは、夫婦それぞれの財産・債務は別産制であるという原則の例外規定です。

この連帯責任は、夫婦別産制のもとで専業主婦として支払い能力の乏しい妻が売買などをした場合に、その相手を保護するため、すなわち取引の安全性を図るために、夫に責任を負わせることにありました。

一方、今日では、夫婦は婚姻共同体として、日常の家事債務については、連帯して責任を負うのであり、これは婚姻費用を夫婦で分担しているという面からもいえる、という考えもあります。

すなわち、夫婦であっても個人として独立した存在という考え方に対して、専業主婦への配慮というよりは、「婚姻共同体としての責任」という考え方によるものです。

日常家事の範囲は個々に判断される

夫婦で連帯して責任を持つのは、日常の家事の範囲に限られます。この範囲は、夫婦それぞれの社会的地位、職業、資産、収入などによって、また住んでいる地域社会の習慣などによって違うので、他人との間で争いになったときは、このような個々の事情により判断されます。

１９９８年の東京地裁の判決で、妻が、夫名義で50万円程度の子どもの英語教材を購入したケースでは、夫の年収が約５５０万円程度で、妻も一定額の収入があったことから、これは日常の家事債務であると判断し、夫に支払うよう命じました。

妻が夫に断りなく借金したら？

妻の借金は、何のためであったかもポイントになります。たとえば、家賃の支払いや日常の水道光熱費などの支払いのためと断って借りていたような場合は、日常の家事債務になり、夫に支払い義務が発生します。

妻が夫名義のクレジットカードで高価なアクセサリーを買ったなどの場合は、ケースごとに判断されます。金額的には、夫婦の１か月の収入や通常の生活費を上回るような場合で、日常の家事債務とはいえないときは、夫は責任を負わなくてもよいケースが多いでしょう。

そもそも妻にも収入があれば、夫婦別産制や個人責任の原則になじまないこの連帯責任という規定は、必要なくなるでしょう。

1-8 外国の夫婦財産制度は日本とどう違う?

別産制と共有制、その混合型、個別申告と合算申告がある

財産や課税に関する制度は、それぞれの国の成り立ちや、その国独自の風習・考え方に大きく影響されて成り立っています。歴史的背景を交えながら、ごく簡単に各国の制度を紹介します。

1 イギリスの場合

夫管理の別産制から独立した別産制へ

イギリスでは、夫婦は1つの人格であり、妻は夫の庇護を受けるべき者という結婚像が前提とされていました。妻の財産は夫によって管理され、特に富裕な家庭の子女の結婚持参金を守り、離婚の際は取り戻せる状態にしておくということから、別産制が採られていました。

その後、産業革命により女性の職場進出が促進され、婦人参政運動、既婚婦人財産法等の立法を経て、夫婦の地位と能力の平等、財産の別所有、責任の分離という3原則が確立し、夫婦それぞれが自立して財産を形成し管理するという、現在の意味での別産制が実現しました(法改正1931

年）。

家業手伝い・家事労働が考慮される

１９００年代の後半には、次のような観点で、別産制による夫婦の実質的不平等について早くから手当されました。

①「へそくり」の半額に対して妻の権利が認められる。
②夫婦の住まいは共有にすることができる。
③離婚の際の財産移転に妻の家事労働の寄与も考慮される。

夫婦合算課税から個人単位課税へ

夫に管理される別産制であったことから、１７９９年に採用された所得税は、夫婦合算課税でした。その後、「妻の勤労所得控除」を経て、妻の勤労所得を夫から分離して申告できるようになり、すべての所得を自分で申告する個人単位課税となったのは１９９０年です。

基礎控除のほかに夫婦いずれからも控除できる「夫婦控除」がありましたが、夫婦だけが恩恵を受けることに批判が出され、２０００年度に廃止されました。

2 アメリカの場合

別産制と共有制は歴史的な由来がある

アメリカは現在、50の州からなる連邦の国です。ラテン系であるカリフォルニア、ルイジアナなどの9の州は共有制で、アングロサクソン系*の州は別産制です。

ニューヨーク州はアングロサクソン系であるイギリスの影響を強く受け、また商工業の中心地として発展した背景から、妻の財産の独立性を求め、妻の地位に関する制定法が相次いだ結果、夫と同等の権利を有する別産制が確立しました。

共有制は、妻が夫とともに農耕牧畜に従事し、戦いにも参加し、そこで取得したものは共有とするゲルマン民族の習慣によるものといわれています。ゲルマン民族は全ヨーロッパに移住し共有制が広まりました。共有制であったスペインは、アメリカに広大な土地を持っていたので共有制が引き継がれ、妻も夫とともに開拓に励む植民地や西部の人々の生活にも適合し、根をおろしました。

別産制の州でも二分二乗方式を認めた

アメリカは、1923年に個人単位課税を採用しました。共有制であるワシントン州の納税者が、1930年に、夫の所得を妻と2分の1ずつで申告したことが認められず、訴訟を起こしました。その結果、「…それぞれの所得として申告する資格がある」という最高裁の判決が出されました。

1948年には、別産制の州で片働きの場合でも二分二乗方式（夫の所得を2分の1にして税率を掛け、税額を2倍にする）による共同申告が選択できるようになりました。

所得が多くなるにしたがって多くなった分の税率が高くなる超過累進税率の適用に比べて、二分二乗方式は、当初の所得の半分のところの税率が適用されますので、高額所得者ほど有利になります。この点を解消するため、次のような４つの税率表があります（１９６９年導入）。

①夫婦個別申告を選択する既婚者用の税率表
②夫婦合算申告を選択する既婚者用の税率表
③独身者用の税率表
④独身世帯主用（片親で子を扶養している世帯）の税率表

結婚して個別申告をする場合、①の税率表を適用します。その結果、同じ所得でも独身者の税率表を適用するよりも税金が高くなります。夫婦は、共同生活をすると独身時代に比べて生活費が安くなるので、その分税金が支払えるから、より負担すべきだという応能負担の原則（支払える能力に応じて負担する）により、そのように考えられています。

夫婦は個別または共同申告ですから、配偶者控除という考え方はなく、基礎控除のみが適用されます。日本は個人単位課税ですので、このような考え方はされませんが、その代わり、妻を扶養すれば、担税力が低くなるということから、配偶者控除が設けられています。

＊イギリス系の人々。５世紀ごろより、ドイツ北西部からグレートブリテン島に移住したアングル人、ジュート人、サクソン人の総称。

3 フランスの場合

妻は無能力から、夫と同権の動産所得共通制へ

1804年のナポレオン民法では古来の慣習を尊重し、「夫は妻に対する保護を、妻は夫に対する服従を義務とする」と規定され、法定夫婦財産制は、動産と婚姻後取得した財産は共通制（各自特有の財産以外は所有権がない、共有制とは異なる）で、夫に管理・収益・処分権がありました。

その後、夫婦同権の思想により、妻も固有資産について管理権を持つとされたのは、1966年の新法からです。共通財産に対する夫の管理権等は、1985年の改正でようやく廃止され、職業上の収入に関する扱いは別産制とほとんど変わらなくなりました。

離婚などにより共通制解消の場合は、夫婦の特有財産と共通財産との貸借関係を清算したうえで、共通財産を原則として2分の1ずつに分割します。

確定申告は家族N分N乗方式

所得税は家族単位課税です。家族の所得をすべて合算し、これを家族除数で割って税率を掛け、それに家族除数を掛けて算出します。

家族除数は、独身者が1、夫婦が2、扶養する第一・二子は0.5、第三子以降は1単位として計算します。累進税率が前提で、子どもが多くなると除数が増えるため、より低い税率が適用され、税額が低くなります。

1945年に「家族除数制度」が導入され、戦後の人口増加に貢献したため、主として少子化対

策の観点から今日に至るまで採用されています。

4 ドイツの場合

管理共通制から剰余共通制へ

1896年のドイツ統一民法では、夫は家の首長であり、すべてに責任を持ち、妻は家庭内で夫を助けるという婚姻像を前提として、管理共通制を採用しました。この制度では別産制を基調としつつも、夫が妻の財産についても管理・収益、処分権までを持っていました。

ボン基本法（西ドイツ憲法）は男女平等を規定し（1949年）、この精神を受けて1957年に男女同権法が制定されました。

しかし、当時は白熱の議論の末、民法上の男女の役割分担が肯定されました。この結果、婚姻中は夫婦の財産を別産・別管理としますが、離婚のときは、夫婦それぞれの財産の増額分の差額の半分を請求することができる「剰余共通制」という財産制度が採用され（1978年）、今日に至っています。

その後、夫婦の合意により家事を行い、夫婦は就労の権利を有するという民法の改正が行われ、ドイツ再統一（1990年）後もこの民法が適用されています。そして、剰余共通制は、パートナーシップ型の婚姻にとって適切かどうかが議論され、2009年には、剰余共通制の法規定上、公平性を欠く部分が是正されています。なお、年金分割に係る「年金調整制度」も同時期に改正されています。

二分二乗方式と個人単位課税の選択制

1920年に所得税が採用されてから、夫婦合算課税が行われていました。しかし結婚によって税金の負担が増えるのは、結婚を保護しようとする憲法に違反するとされ、1958年にアメリカと同じ二分二乗方式と個別申告の選択制が採用されました。しかし、アメリカの4つの税率表に対し、ドイツは独身者と夫婦に対して同じ税率表を適用しています。

5 スウェーデンの場合

離婚時には均等に財産を分割

最も早い時期に夫婦別産制の欠点を認識して、共有的要素の導入の必要性を認めたのは北欧諸国です。

女性の参政権は1919年に実現し、1920年の婚姻法では、近代精神を採り入れ、夫と家庭内妻の地位を画期的に平等にしました。

法定夫婦財産制は「据え置き共有制」ともいわれ、各自の特有財産以外の夫婦で築いた夫婦の財産に対して、単なる請求権ではなく、持分権があるという配偶者持分権制度が採用され、離婚や相続となった場合、夫婦間で均等に分割されます。

1973年の改正では、個人の経済的自立と家事育児は夫婦で協力し合うと規定され、女性の労働市場への参加が大幅に加速されました。1985年には各自が財産を管理し、借財にも責任を持つこと、生活費と家事を分担し合うことが規定されました。

その後、1987年の改正により、婚姻期間が短い場合の均等分割は不平等な結果を生じるという批判もあり、修正することが可能な制度となりました。

夫婦合算課税から個人単位課税

所得税は夫婦の所得を合算して課税していましたが、女性の職場進出と個人主義思想の徹底から、1970年に個人単位課税となりました。このため、女性が働くことによってその所得が夫の所得に加算され、夫の税負担が増加するということがなくなり、女性の職場進出は一段と進みました。

同時に、社会へ出た女性たちが、より働きやすい社会環境を作っていったことから、「専業主婦が消えた」ともいわれ、配偶者控除は適用者が減少し、その存在意味がなくなったとして、1993年に廃止されました。

⑥中国の場合

1950年施行の婚姻法では、妻の家事労働と夫の所得稼得労働を同価値とみなし、夫が労働で得た財産は夫婦共同で得た財産であると規定していました。1991年施行の婚姻法で、夫婦双方とも生産活動等に参加する自由を有し、一方は他の一方に制限、干渉を加えてはならないと規定しました。これは、女性の社会進出を促進させる改正でした。

⑦ロシアの場合　（文献はロシヤ）

帝政時代のロシヤ民法典は、夫婦財産の完全別産制を規定していましたが、農民や農村出身の労働者の間では、もともと慣習的な世帯財産の共同制が維持されていました。1926年のロシヤ共和国家族法典は、主婦の利益を保護するために「婚姻前から夫婦それぞれに属していた財産は、その特有財産としてとどまる。婚姻期間中夫婦の獲得した財産は夫婦の共同財産とみなす」とし、別産制を認めない強行的制度として、所得共同制に変更しました。

共同財産に対する夫婦の管理権および処分権は、完全に平等です。

第二次大戦後、東欧人民民主主義諸国は相次いで所得共同制（所得共通性）を採用しています。

1968年のソ連邦婚姻家族法では、夫婦で取得した財産を共通財産とし、一方が家事育児に専念している場合も平等の権利を持ち、婚姻解消時には分割されます。1926年法と基本部分は変

●夫婦財産制の主な種類

制度	採用している主な国
共有制	アメリカの８の州
共通制	イタリア、フランス、スペインなど
含有制	ロシア
剰余共通制	ドイツ
所得参与制	スウェーデンなどの北欧諸国
別産制	日本、イギリス、アメリカ（共有制採用の８の州を除く）

参考資料：遠藤みち著『両性の平等をめぐる家族法・税・社会保障』日本評論社

更なく、家事労働の部分が規定され、ロシア連邦社会主義共和国でもそのまま受け継がれています。

ロシアは、農民たちの慣習があったことからも、このように、非常に早い時期に別産制の欠陥を立法により解決しました。そして、妻の社会進出が進んだ今日でも、単に妻の保護ではなく、夫婦の共同という観点から所得共同（共通）制の意義を認めています。

1-9 所得控除ってどんなもの？

所得控除には、それぞれに設けられた理由がある

所得控除の役割は？

所得税を計算する場合、各個人の事情を考慮して税額が計算されます。具体的には、各控除の要件を満たすと、所得の合計額からその所得に応じた控除額が差し引かれ、その分、所得税額が安くなります。この他に、所得税額から一定金額を控除できる寄附金控除の「税額控除」もあります。

所得控除は、設けられた理由から次のように分類される

①担税力（税を負担することができる経済力）を考慮したもの

- 災害などの損害を受けた場合の**雑損控除**
- 医療費を支払った場合の**医療費控徐**
- 人に関する控除（人的控除といわれるもの）
  - ・納税者自身や扶養家族に身体に障害があるなどの状況を考慮した**障害者控除**
  - ・死別あるいは離婚により寡婦となった場合の**寡婦控除**
  - ・未婚のひとり親に対する**ひとり親控除**（２０２０年から適用）。

・給与所得者の子育て・介護世帯の税負担を調整する**所得金額調整控除**（２０２０年から適用）。

・扶養家族がいる場合の**扶養控除**

・配偶者の内助の功を配慮する**配偶者控除**や、家事労働を考慮する**配偶者特別控除**

②税金と同じように考えられるもの

●支払った社会保険料に対する**社会保険料控除**

③社会政策的なもの

●社会保障制度を自助努力として各自が補った場合の**生命保険料控除、地震保険料控除、小規模企業共済等掛金控除**

●働きながら学ぶ者を支援する**勤労学生控除**

④すべての納税者に適用されるもの

●本人自身に適用される**基礎控除**

本来は、最低の生活費に税金が食い込まないように設けられた控除です。

所得控除は収入によって適用される控除額が変わる

所得控除の額は同じですが、所得に応じてそれぞれの税率は異なります。つまり、高額所得者ほど税率が高いので、減額される額も多くなります。たとえば、基礎控除の48万円（２０２０年）は、所得金額が１９５万円の人の場合、適用される税率は5％なので減額される税額は２万４千円です。ところが、所得金額が５００万円の人の税率は20％なので、９万６千円に相当します。このように、所得が多ければ控除される額も多くなります。これも当然とも考えられます。

税額控除は、そのまま所得税から差し引くことができる制度

所得控除は所得から控除額を差し引く制度ですが、税額控除は、最終的に計算された所得税額から直接控除額を差し引くことができるものです。所得控除より税額控除のほうが一般的には節税効果は大きいということになります。

税額控除には、住宅ローン控除、配当控除、外国税額控除、寄附金税額控除などがあります。

なお、認定NPO法人等に寄付をした場合、所得控除か税額控除か、いずれか有利なほうを選択できます。

2020年から改正された控除について

2020年から、いくつかの所得控除の改正が行われました。たとえば、給与所得控除額の引き下げ、基礎控除額の引き上げ、寡婦控除の適用要件の見直し（ひとり親控除の創設）、所得金額調整控除の新設などです。主なものについて解説します。

●基礎控除額の引き上げ

給与所得控除額が引き下げられた（⬇3－14）ことに伴い、基礎控除額が一律38万円から、納税者本人の合計所得金額に応じて変更になりました（上表）。なお、給与収入金額が850万円以下なら、給与所得控除額が10万円減り、基礎控除額が10万円増えるため、所得金額の増減額はゼロとなります。

●基礎控除額（2020年分より）

個人の合計所得金額	控除額
2,400万円以下	48万円
2,400万円超 2,450万円以下	32万円
2,450万円超 2,500万円以下	16万円
2,500万円超	0円

●ひとり親控除の創設（寡婦控除の適用要件の見直し）

寡婦控除は、離婚や死別などによってひとり親となってしまった人について、税負担を調整する制度です。これまで、未婚のひとり親については対象とされておらず、また、男性のひとり親と女性のひとり親では要件が異なっていたため、問題とされていました。２０２０年から下表のように見直しが行われました。

●所得税額調整控除の新設

改正により年収８５０万円を超えると所得税が増税となることを受け、子育てや介護等に携わる世代の負担が増えないよう、所得金額調整控除（上限１９５万円）が創設されました。この控除は、給与所得控除の引き下げと同時に適用されます。

●寡婦控除とひとり親控除（2020 年分より）

本人が女性の場合

配偶関係			死別	離別	未婚のひとり親
合計所得			500 万円以下		
扶養親族	あり	子	35 万円	35 万円	35 万円
		子以外	27 万円	27 万円	−
	なし		27 万円	−	−

□＝寡婦控除　▩＝ひとり親控除

本人が男性の場合

配偶関係			死別	離別	未婚のひとり親
合計所得			500 万円以下		
扶養親族	あり	子	35 万円	35 万円	35 万円
		子以外	−	−	−
	なし		−	−	−

※住民票の続柄に「夫（未届）」「妻（未届）」の記載があるものは対象外

1-10 配偶者控除・配偶者特別控除ってどんなしくみ？

配偶者の家事労働や内助の功を評価する制度

改正された配偶者控除のポイントは？

配偶者控除とは、納税者の所得金額から一定額を控除できる所得控除の1つです。配偶者の家事労働や内助の功を評価して設けられました。対象となる配偶者自身の所得金額が38万円（給与収入なら年間103万円）以下の場合に適用されます。

ここからは、納税者を夫、配偶者を妻として説明します。

配偶者控除はこれまで、妻の年収によって38万円という定額が控除されていましたが、2018年以降、夫の所得に応じて控除額が変わり、38万円・26万円・13万円の3段階に改正されました。

配偶者特別控除には逆転現象を解消する役割がある

妻の年収が103万円までは、妻自身は課税されず、夫は配偶者控除が受けられました。妻が103万円を超えて働くと、妻自身も課税され、さらに夫の配偶者控除はなくなります。つまり、夫婦世帯として考えると、手取り額が減少するという「逆転現象」が生じていました。

この逆転現象を解消するために配偶者特別控除が設けられ、妻の年収が103万円を超えると、配偶者控除の代わりに配偶者特別控除が受けられます。ただし、配偶者特別控除は一定額ではなく、妻の年収によって段階的に減少します。この配偶者特別控除により、夫婦世帯として、手取り額がガクンと減少することはなくなりました。

改正された配偶者特別控除のポイントは?

配偶者特別控除も改正され、配偶者控除と同様に、妻の年収だけでなく、夫の年収によっても控除額が変わることになりました。2018年以降適用されています。

配偶者特別控除では、妻の年収が103万円を超え150万円以下なら、夫は配偶者特別控除として38万円が受けられます。ただし、夫の年収が1120万円（合計所得金額900万円）以下の場合に限られます。また、妻の年収が150万円を超えても、約201万円までなら配偶者特別控除が段階的に適用されるので、これまで同様、手取り額が一気に減ることはありません。なお、夫の年収が1220万円を超えると、配偶者控除も配偶者特別控除も受けられなくなります。

配偶者控除は、女性の社会進出の足かせとなることから、かねてから廃止を提言していましたが、結局、このような複雑な制度となりました。夫の年収が1120万円以下なら、妻は年収150万円まで働いても、夫は38万円の控除が受けられることになります。

しかし、130万円未満でないと社会保険の扶養家族にはなれない、という社会保険の壁は残っています（⬇1-13）。

税制だけでなく、社会保険制度も含めて総合的に検討すべきでしょう。

1-11 夫も妻も収入金額によっては、控除が受けられない？

納税者本人の所得によって控除金額が異なる

配偶者控除額・配偶者特別控除額は、納税者の収入によって異なる

納税者本人を夫、配偶者を妻とし、夫婦とも給与収入のみの場合で説明しましょう。左ページの表と合わせてみてください。

たとえば、夫の収入が１１２０万円以下（1年間の給与収入）のケースです。

妻の収入が１０３万円以下の場合、夫は配偶者控除38万円が受けられます。妻の収入が１０３万円を超え１５０万円以下の場合、夫は配偶者特別控除38万円が受けられます。すなわち、妻の収入が１０３万円を超えると、夫は配偶者控除は受けられませんが、配偶者特別控除が受けられます。

また、妻の収入が２０１万６千円未満なら、金額に応じて夫は配偶者特別控除を受けられますが、２０１万６千円を超えるとゼロとなります。

夫の給与収入が１２２０万円（合計所得金額１０００万円）を超えると、配偶者控除および配偶者特別控除を受けられません。この配偶者控除と配偶者特別控除は同時には受けられません（２０１８年以降適用）。

●配偶者控除・配偶者特別控除早見表（2018 年以降）

			納税者の年収額			
			1,120万円以下	1,170万円以下	1,220万円以下	1,220万円超
配偶者の年収額	配偶者控除	103万円以下	38万円	26万円	13万円	0
	配偶者特別控除	150万円以下	38万円	26万円	13万円	0
		155万円以下	36万円	24万円	12万円	0
		160万円以下	31万円	21万円	11万円	0
		166.8万円未満	26万円	18万円	9 万円	0
		175.2万円未満	21万円	14万円	7 万円	0
		183.2万円未満	16万円	11万円	6 万円	0
		190.4万円未満	11万円	8 万円	4 万円	0
		197.2万円未満	6 万円	4 万円	2 万円	0
		201.6万円未満	3 万円	2 万円	1 万円	0
		201.6万円超	0	0	0	0

なお、合計所得金額とは、ごく簡単に言えば、1年間のすべての所得〈利子、配当、不動産、事業、給与、退職、山林、譲渡、一時、雑〈年金など〉〉の合計額をいいます。

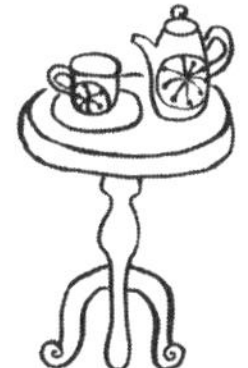

1-12

控除が受けられる「配偶者」とは？

「配偶者」には4つの区分がある

配偶者の区分によって、適用される内容が異なる

これまで、控除が受けられる配偶者を、「控除対象配偶者」といって、区分は1つだけでした。

2018年の配偶者控除と配偶者特別控除の改正に伴って、①同一生計配偶者、②控除対象配偶者（以前とは要件が変わります）のほかに、③老人控除対象配偶者、④源泉控除対象配偶者という4つの区分に分かれます。この区分によって、適用される控除額が変わります。

ここからは、納税者本人を夫（会社員、給与収入のみ）、配偶者を妻（パート、給与収入のみ）として解説します（2020年以降）。なお、青色事業専従者・事業専従者は①～④すべての場合で除かれます。

①同一生計配偶者の要件

夫と生計を一にしている妻のうち、すべての所得の合計額（合計所得金額）が48万円（給与収入のみ103万円）以下である人。

「生計を一にしている」とは、原則として同じ家で共に生活していることです。転勤で別居していても、夫の収入で生活している場合は該当します。

②控除対象配偶者の要件

同一生計配偶者のうち、夫（納税者）の合計所得金額が１０００万円（給与収入のみ１２２０万円）以下である人（源泉控除対象配偶者以外の人）。

③老人控除対象配偶者とは

控除対象配偶者のうち、満70歳以上の人。

④源泉控除対象配偶者とは

合計所得金額が９００万円（給与収入のみ１１２０万円）以下の夫と生計を一にする妻のうち、合計所得額が95万円（給与収入のみ１５０万円）以下である人。

改正による影響は？

配偶者控除は、民法上の配偶者であることが要件です。つまり、事実婚や内縁関係は認められません。また、「青色申告者の事業専従者」や「白色申告者の事業専従者」でないこと。自営業者の家族従業員になっていると、配偶者控除の対象になりません。

これらの要件に、改正により、２０１８年分から、控除を受ける給与所得者の合計所得金額が1千万円を超えないこと、という条件が加わりました。つまり、申告する本人（夫）の収入が多いと、配偶者控除が受けられません。

以前は、配偶者（妻）は自分の収入金額を調整していればよかったのですが、夫の収入金額も一定額を超えれば受けられなくなりました。

1-13 収入がいくらになったら社会保険に入る？

社会保険には130万円と106万円の基準がある

納税者本人を夫（会社員、給与収入のみ）、配偶者を妻（パート収入のみ）として解説します。

社会保険の「130万円の壁」とは

社会保険については、妻の年収が130万円以上になると、夫の社会保険上の扶養から抜け、妻自身が社会保険の被保険者として、社会保険料（健康保険料や厚生年金保険料など）を負担しなければなりません。第一号被保険者として、国民年金と国民健康保険に加入するか、勤務先の社会保険に加入して第二号被保険者となるかです。

全員加入の国民年金という制度

国民年金は、20歳以上の人が強制加入する年金制度で、3種類の被保険者がいます。

・第一号被保険者：自営業者などの国民年金加入者
・第二号被保険者：会社員や公務員などの厚生年金加入者
・第三号被保険者：第二号被保険者の配偶者

会社員や公務員は厚生年金に加入していますが、同時に国民年金にも加入していることになります。また、第二号被保険者の配偶者は第三号被保険者として、国民年金に加入していることになります。このとき、夫の社会保険料に妻の保険料が加算されているわけではありません。所得に応じた保険料が定められているので、同じ収入であれば、扶養の有無で保険料は変わらず、独身者の負担額と同額です。

「106万円」以上なら社会保険に加入する

一方で、自営業者である第一号被保険者は夫婦連帯責任で、年金の保険料を支払っています。そのため、会社員の配偶者は優遇されているという意見がありました。そこで、より多くの人に社会保険料を負担してもらうために、106万円という基準ができました。2016年10月から、従業員501人以上の企業に勤務し、年収106万円以上、週20時間以上、1年以上雇用される予定、などのすべての要件を満たす人は社会保険に加入することになりました。

年金制度の持続のために必要なことは？

少子高齢社会となり、今や100歳時代の到来といわれています。多くの人が働き、保険料を負担していかなければ年金制度は持続できなくなります。そんな中、第三号被保険者が保険料を負担していないことは長年の大きな課題です。しかし所得がない専業主婦に保険料を負担させるわけにはいかないという根強い考え方があるのですが、真の公平とは何かを考えなければなりません。

収入が増えると、社会保険料の負担はありますが、自身の将来受け取る年金額が増えることにもつながります。また会社の健康保険に加入することで、傷病手当金や出産手当金などの給付を受けられるようにもなります。第三号被保険者から他の被保険者に移ることが望ましいと思います。

1-14 自宅を共有名義にするメリットは？

共有名義なら、夫婦それぞれが税金の控除を受けられる

共働きなら共有名義にする

女性の社会進出が促進し、共働きで自宅を取得するケースも増えてきました。共働きの場合には、たとえば、夫の給料と妻の給料で、それぞれが銀行ローンの返済額の2分の1を負担できるなら、自宅の持分も2分の1ずつという共有にします。これは将来、売却するときや相続の場合に税制上でもメリットがあるからです。

夫婦それぞれで住宅ローン控除（減税）が受けられる

自宅を銀行のローンで購入すると、一定の条件を満たしていれば、年末のローン残高に応じた住宅ローン控除（住宅借入金等特別控除）が受けられます。共有の場合、各自で（夫婦連帯で借りれば、それぞれ取得した面積に応じて）住宅ローン控除を受けることができます。また新築の住宅のほか、中古の場合でも条件を満たしていれば受けられます。ただし、この控除は、今まで住んでいた家を売って、３０００万円の特別控除などを受けていた場合には適用できません。

購入した最初の年は確定申告が必要ですが、会社員であれば、2年目からは年末調整で控除されます。

夫婦それぞれで3000万円の特別控除が受けられる

やっとの思いで購入した自宅でも、子どもが生まれたら狭くなってしまった、転勤になった、もっと環境のよい地域に移りたいなど、さまざまな理由で売ることもありますね。この場合、一定の条件を満たしていれば、譲渡所得の計算をするときに居住用不動産の3000万円特別控除を受けることができます。

この時、夫婦で共有名義にしていれば、この特別控除は、それぞれ3000万円、つまり2人で合計6000万円の控除を受けることができるわけです。

共働きが続けられなくなったとき

たとえば、自宅を購入したときは共働きを続けるつもりだったが、子どもが生まれてから妻が会社を辞めざるを得なくなった、などの場合には、自宅全体の評価額のうち、それまでに妻が支払った金額に相当する分が妻の持分になるように、不動産の更正登記をする必要があります。そうしないと妻に贈与税がかかります。

女性が自立し、財産も取得できるよう、たとえ子どもが生まれても女性が働き続けられるよう、必要としているすべての人が利用できる保育施設や保育士の増強などが望まれます。スウェーデンでは、女性が社会進出することによって福祉社会を実現させたそうです。

1-15 共働きの場合、住宅ローンはどのように組めばいい？

共働きの場合のローンの組み方には、3つの方法がある

共働き夫婦の3つのローンの組み方

夫婦共働きで、それぞれ資金負担をして自宅を購入するなら、自宅の名義も共有にします。この場合のローンの組み方には3つの方法があり、それぞれにメリット・デメリットがあります。

①夫婦それぞれがローンを組む方法

夫婦で共に今後も働き続けられるなら、それぞれが自分の持分に応じたローンを組みます。住宅ローン控除の条件を満たせば、それぞれで控除を受けられます。

②「連帯債務」として借入れる方法

ローンは夫婦1本で連帯債務とします。返済は夫婦いずれか収入の多いほうの口座から引き落とされます。税金面では、自宅の持分が半分ずつなら債務も半分ずつと考えますので、夫の口座から引き落とされるなら、妻はその口座に負担分を毎月入金しなければなりません。

連帯債務は、各自が弁済する義務を負いますが、1人が全部を弁済してしまえば債務は消滅します。この場合、弁済した人は、他の連帯債務者に対して支払いを求めることができます。

③「連帯保証」として借入れる方法

連帯保証の場合、債務者は1人で、それを夫とするなら、妻は連帯保証人になります。自宅は共有でも、ローン上、妻が連帯保証人となると、たとえ現実には夫を通して返済していても、金融機関からは妻名義の借入金残高証明書が出ないので、住宅ローン控除は受けられません。

連帯債務とするか連帯保証とするかを選択できる金融機関と、各自がローンを組む以外は連帯保証のみという金融機関もあります。ちなみに、住宅金融支援機構はどのような持分割合であろうと（たとえば夫8割、妻2割でも）、連帯債務となります。連帯債務なら、それぞれで住宅ローン控除は受けられます。

住宅ローンの組み方のチェックポイント

夫婦で住宅ローン控除を受けるかどうか、一方（妻）が途中で仕事をやめる可能性があるかどうか、離婚や相続のときどうなるか、などの観点から考える必要があります。

生命保険はどちらにつけたら有利か？

住宅ローンにつける団体生命保険は、連帯債務の場合、主たる債務者1名のみ被保険者となりますが、妻の債務が50％の場合でも、被保険者である夫にもしものことがあれば全額保障されます。住宅金融支援機構の場合は、1・5倍の保険料を支払うことによって、夫婦を被保険者とすることができます。各自がローンを組めば夫が死亡しても妻の債務は残ります。どの方法が有利だったかは、人生が終わってみないとわかりません。金融機関を選ぶ際、今後の人生設計を考えてローンの組み方も選択しましょう。

1-16

結婚20年、税金からのプレゼントがあるって本当？

不動産の取得について、贈与税の配偶者控除がある

内助の功を考慮した贈与税の配偶者控除

結婚当時はフルタイムで働いていても、妻は出産・育児のためにフルタイムをやめ、その後はパートとして働くというケースは多くあります。夫婦の間では、購入した自宅を共有と思っていても、夫の転勤や産後の健康状態などから、2分の1の出資ができずに、現実の登記名義は夫とせざるを得ない場合があります。

このような妻の立場を配慮して、婚姻20年以上の配偶者から、居住用の不動産そのものを受け取ったり、不動産を購入するための金銭を受け取った場合に、贈与税の配偶者控除の制度があります。この制度は、法定の夫婦財産制が別産制であることから生じる夫婦の実質的な不平等を税制の面から補うものです。創設の趣旨は妻の内助の功を評価することでした。

贈与税の配偶者控除は2000万円

その年の贈与税の基礎控除110万円と合わせて、2110万円まで贈与税はかかりません。

自宅の贈与を受ける場合、土地の価額はその年の路線価等から、建物の価額はその年の固定資産

税評価額からわかります。２１１０万円に相当する持分がたとえば3分の1に相当すれば、妻の持分は3分の1にできます。ただし、次のような条件を満たす必要があります。

①結婚期間が20年以上あること。このうち内縁期間は除かれます。②贈与を受けた年の翌年の3月15日までに、その自宅に居住し、その後引き続き居住する見込みであること。③贈与を受けた年の翌年3月15日までに必ず贈与税の確定申告をすること、などです。

なお、この控除は同じ配偶者からは1回限りですが、再婚して20年経てばまた受けられます。

この制度で受け取った財産は相続財産に含めない

たとえば、夫の相続の際に、夫が亡くなる3年以内に夫から贈与を受けていた財産は、相続財産に加算して相続税の計算をしなければなりません。これは、相続税の負担を軽減するために、できるだけ生前に贈与をして財産を減らすことを防止する目的があります。

しかし、この配偶者控除によって取得した財産は、この制度の趣旨が尊重され、含めなくてもよいことになっています。つまり、その分、相続税が少なくなります。

不動産取得税等はかかるが相続税対策になる

現在は理解ある夫が増えているようです。条件を満たすことができれば、遠慮なく無税の贈与を受けましょう。ただし、妻には不動産取得税と登記費用がかかります。

なお、この２０００万円という控除金額は、現在の時価から考えて妥当と言えるでしょうか。土地の評価は地域によって、また時代によってもずいぶん価格差があり、内助の功も状況によって異なります。定額ではなく、婚姻期間により贈与が受けられる割合を決めてはいかがでしょうか。

1-17 夫の事業を手伝って給料を受け取ると

青色事業専従者や事業専従者になると配偶者控除や配偶者特別控除は受けられない

青色申告の青色事業専従者には特典がある

夫が事業者で、税金の申告は青色申告をし、家族を青色事業専従者として届出をすれば、給料を支払うことによる税の特典が受けられます。具体的には、事業者である夫が、事業を手伝った妻に給料を支払うと、支払った夫は妻の給料を必要経費とすることができ、一方、妻は給与収入を得ることができます。

青色申告に対して、通常の申告（白色申告）では、家族従業員に給料を支払っても、所得の計算上、必要経費に算入されず、事業専従者控除として一定額が控除されるのみです。なお、妻が事業専従者としてその一定額を受け取れば、その分は妻の収入となります。

給料ゼロでも配偶者控除等はない

妻が、青色事業専従者あるいは、白色申告の事業専従者控除の対象となると、たとえ実際の給料がゼロでも、配偶者控除や配偶者特別控除は受けられません。これは、事業から給料を支払うことで、所得を分割していると考えるからです。所得を分割すると適用される税率が低くなり、税金は安くなります。

そこで、このような所得の分割ができない世帯には、その代償として配偶者控除と配偶者特別控除を設けているからです。したがって、妻が事業専従者となれば、事業所得者に配偶者控除や配偶者特別控除が適用されないというのは当然というわけなのです。

青色事業者専従者控除や事業専従者控除は今の時代になじまない？

このような制度は今の時代になじみませんし、事業専従者控除額の範囲内でしか財産形成ができないことも大きな問題です。正当な労働に対して給料を支払うのは当然のことであるにもかかわらず、所得の分割と考えられてしまうからです。過大に給料を支払い、恣意的に所得の分割が行われる場合は、また別の問題です。

妻への給料が、他の従業員への支払いと同様な基準で支払われていて、その金額が配偶者控除や配偶者特別控除を受けられる範囲であるなら、事業所得者の場合も当然受けられるべきでしょう。

アメリカやドイツは扶養家族の子の給料も必要経費になる

アメリカでは家族従業員に対する給料の支払いを全額経費とすることができます。たとえ未成年の子であっても同様です。また、ドイツでも契約に基づいて正しく支払われている場合に限り、家族従業員の給料は必要経費となります。

アメリカは人権主義、ドイツは契約主義という国民性がみごとに表れているといえましょう。日本も控除制度ではなく、労働に対する正当な対価を必要経費とする制度とすべきでしょう。

1-18 家族に家賃を支払っても必要経費になる？

家族に対する支払いは必要経費にならない

生計を一にする配偶者などへの支払いは必要経費として認められない

所得税法では、家族（生計を一にする配偶者その他の親族）に、事業から給料や家賃、車の賃借料などを支払っても、その金額は必要経費として認められません。給料については、青色申告をすれば認められますが（⬇1－17）、給料以外のこのような対価の支払いは、青色申告であっても認められません。たとえば、妻が所有するマンションを、他人に貸して家賃収入を得ていた場合、不動産所得となりますが、これを夫の事業用として使用しその家賃を受け取っても、税法上は妻の収入にはなりません。したがって、夫のほうでも必要経費にすることはできません。

所得分割とならないようにと決められている

家賃のように、通常は支払うと必要経費となるものが、家族間だとなぜ必要経費にならないのでしょうか。それは、家族間では恣意的に家賃を支払うことで、所得の分割になるという前提があるからです。

その代わり、貸すほうも、今まで他人に貸していたのとまったく同じ条件でも、貸し先が家族であると、受け取った家賃は収入としなくてもよいのです。

納税者が憲法違反と訴えたケースもあるが…

妻への家賃の支払いが必要経費として認められなかった納税者が、個人の支払う権利、受け取る権利を認めないこの規定は憲法に違反すると訴えました。しかし、①家族間では対価を支払う慣行がない、②適正な対価を決めることがむずかしい、③所得を分散することによって税負担の軽減を図ることを防止するために設けられているので、合理的な根拠がある、として訴えを退けました（1991年）。①②の理由は今の時代に合いません。適正な対価であれば認められるべきです。

支払ったほうで必要経費にされない以上、受け取ったほうの収入にもなりません。ですから、いままで妻が支払っていたマンションの固定資産税や、火災保険、管理費、ローンの利息などの費用は、すべて夫のほうで必要経費とします。つまり、妻の収入と経費、税金負担は夫のほうに一本化され、実質的に世帯課税となっています。

必要経費として認めない税法は、実態にそぐわない？

独立関係にある夫弁護士が妻税理士に支払った税務報酬も所得分割としてとらえた解釈は、最高裁でも支持されています（2005年）。

女性の社会進出が進み、社会が大きく変化する中で、たとえ同一生計の親族でも、それぞれに独立した事業を営んでいるケースも多く、親族に支払う対価を経費として一切認めない税法は、もはや現代社会の実態にそぐわないものとなっています。

コラム1

一生続けられる仕事を

私は高校を卒業して、大学に行きたかったが、父を亡くしていたし、疎開先では夜学の道もなかった。裁判所職員採用試験に合格し、松江地方裁判所に勤務したが、女性でも一生続けられるライセンスを何か取りたいと思っていた。

お見合い相手には「職業は一生捨てない。これから勉強して一生できる仕事を探したい。こんな私でよかったら」といって納得してもらった。おかげで彼は一度も「メシはまだか」を言わなかった。

疎開先から帰京し結婚。霞が関の裁判所に勤務しながら、中央大学法学部法律学科を通信教育で学ぶ。その間、妊娠、出産、家事、育児をしながらだったので、6年かかったが卒業できた。

そんな状況でも、憲法で「基本的人権は、天賦の人権であり犯すことのできない永久の権利である」こと、また労働法では、労働者の権利がいかにして守られるかということを、感動しながら学んだ。卒業の翌年、長男の入学、次男の出産を機に裁判所を退職した。

そして、次男が小学校へ入学するまでに、夫の手伝いと家事・育児をしながら税理士試験の勉強に励み、36歳のとき税理士事務所を開設し、以来、税理士業務を続け49年経過した。

私が一生職業を捨てないと宣言したことに夫は安心していたのか、56歳で母親を残し突然この世を去った。いつか大学院に入り勉強をし直したいと思っていた夢はかなえられないと思っていた。

ところが、後期高齢者となる1年前、税理士会の研修を筑波大学で受講したことを機に、念願だった社会保障制度について大学院で学びたいという思いを強くした。そこで、古いお客さんだけを残し、あとは若い税理士に譲って、夜間でも学べる筑波大学院ビジネス科学研究科への入学を実現させた。このときの修士論文と、それまでに執筆してきた女性に関わる論文をまとめて『両性の平等をめぐる家族法・税・社会保障』の著書を出版することができた。

まだまだ男性中心の社会である。残された人生、女性の社会進出のために、少しでも役立てばと思っている。

第 2 章

離婚すると

法律・税金

2-1 離婚をするにはどんな方法がある？

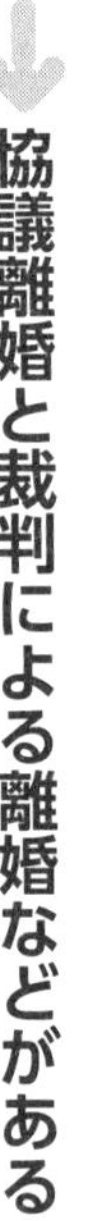

協議離婚と裁判による離婚などがある

民法上は協議離婚と裁判離婚がある

夫婦の協議により、合意して市区町村に離婚届を提出すれば、協議離婚が成立します。

協議がまとまらないときは、家庭裁判所で家事審判官（裁判所の職員）と、調停委員（民間から選ばれた良識のある人）との調停によって離婚を成立させます（家事事件手続法による）。これを「調停離婚」（話し合いによる離婚）といいます。この際に子どもの親権者や財産分与、慰謝料、養育費などについても決められます。調停が成立しない場合は、審判で成立する審判離婚となります。

審判によってもまとまらない場合で一定の離婚原因がある場合には、離婚の訴えが認められ、判決による「裁判離婚」となります。

裁判離婚の離婚原因とは

調停や審判によってもまとまらなければ、地方裁判所に離婚訴訟を起こすことができます。ただし、次のような離婚原因がある場合に限られます。

①不貞な行為…夫婦間の貞節や守操義務に違反する行為など

②悪意の遺棄…正当な理由なく夫婦間の同居協力扶助義務を継続的に怠っていること
③配偶者の最後の音信があった時から、3年以上生死が不明
④回復の見込みがない強度の精神病
⑤その他、婚姻を継続しがたい重大な事由

これは、たとえば、性格の不一致、配偶者の暴力虐待等、過度の宗教活動、性的異常などが判例で認められています。

「5年以上別居」という改正案はあるが…

1996年に民法改正案が出されていますが、現在も未改正です（2020年現在）。

改正案では、離婚原因①②の場合は、「婚姻関係が回復の見込のない破綻に至っていないときは、この限りでないものとする」という条件がつけられ、女性が離婚で不利にならないよう、離婚を厳しくしています。また④は差別を助長するおそれがあるとして削除され、代わりに「5年以上継続して別居」が加わり、⑤として③④のほか「婚姻関係が破綻して回復の見込みがないとき」というように改められています。

1996年の改正案では「5年以上別居」を離婚原因としたことから、離婚により妻子の生活が「苛酷な状況」にならないこと、協力扶助義務を怠っていることにより、夫からの離婚の請求が「信義に反する」場合でないなどの条件がつけられています。

なお、この改正案には「選択的夫婦別姓制度」に関する提言も入っていますが、いまだに実現していません。

2-2 離婚原因のある配偶者からの離婚は認められる？

有責配偶者からの離婚を認めた

有責配偶者からの離婚の際には、3つの条件が必要

次の3つの条件を満たせば、離婚原因に責任のある配偶者（有責配偶者）からの離婚請求を認めています（1987年）。

①結婚生活が続けられないような状況（破綻している）による別居が長期間続いていること
②養育すべき子がいないこと
③離婚後の生活が精神的、経済的に極めて困難になるような事情がないこと

かつては有責配偶者からの離婚を認めなかった

明治民法では重婚、姦通、虐待など10項目の離婚原因がある場合にのみ離婚を認めていました。現行民法では、婚姻を継続しがたい重大な事由があるときという「破綻主義的離婚原因」が追加されました。しかし、離婚原因を作った夫からの離婚請求に対しては、「勝手に愛人をもった夫からの離婚請求が許されるならば、妻は踏んだり蹴ったりである」として離婚請求を認めませんでした（1952年）。

その後、結婚生活の実態がないなら、相手の責任を追及するよりも、離婚して早く再出発したほうがよいなど、離婚に対する認識が、有責主義から破綻主義へと変わってきました。

別居期間ではなく経済的給付が期待できるかどうかで判断される

有責配偶者からの離婚請求の際、別居期間の長さではなく、配偶者や子に対する経済的な給付が期待できるかどうかで離婚を認めています。

未成熟の子がいても、夫の送金実績や、財産分与も期待できることなどから、別居期間13年余りで離婚請求を認めた例もあります（１９９４年）。近時では、７歳と5歳の子の養育費を送金していたが、判決で成年に達するまで支払うこととし、別居2年で離婚を認めました。妻は教師、離婚原因は双方にありました（２０１４年）。最高裁の判決でも、子7歳、妻は無職、夫は毎月生活費を送金しており、妻にも破綻の原因があるとして別居2年４か月で離婚を認めました（２００４年）。

これらは夫婦双方に責任がある場合ですが、「別居5年」以下でも認められている現状では、法律（改正案）より、現実のほうが進んでいるといえますね。

ここには、女性も経済力をつけてきていることが背景にあるのかもしれません。

２０１７年「全国生計費調査」（日本生活協同組合連合会）によると、給与所得世帯の妻の就労収入は増加傾向が続いて、月平均額で12万円台、実収入に占める割合は17%となっています。

20年間の変化を給与所得世帯でみると、妻の就労収入がない世帯の割合は約46%（１９９７年）から、約28%（２０１７年）にまで縮小する一方で、妻の年収が１３０万円以上の世帯の割合は約12%（１９９７年）から約33%（２０１７年）になっています。

2-3 専業主婦でも離婚をすると財産を受け取れる？

離婚に際し財産分与を請求する権利がある

財産分与の内容が変化してきた

離婚をする際には、財産分与の請求ができます。これを財産分与請求権といいます。この財産分与は、「財産の清算分割」「離婚後の扶養」「慰謝料」という3つの内容が考えられていました。

財産分与の内容は、時代の流れとともに女性の権利意識が向上したことから、離婚の原因が特に夫にある場合に限らず、夫婦で築いた財産の清算という要素が強調されるようになりました。

かつては、夫婦の財産は「別産制」であることから、裁判所は専業主婦の場合、住宅取得に妻の内助の功があるとしても、夫の単独所有であるとしました（１９７３年）。

その後、時代とともに財産形成に対する妻の寄与度が主張され、家事労働の寄与度は30％強と認められたケースもあります（１９８５年）。

寄与度に関係なく共有が認められた

平成になってからは、夫の収入によって買った国債等は、妻の協力のもとに取得したものと認められ、実質的に共有財産となり、財産分与によって清算されるという判決が出されています

（1992年）。今日では、夫名義の財産であっても婚姻中の妻の協力、貢献、寄与等によるものという考え方が定着しています。そして、通常の離婚の場合、それまでに夫婦で築いた財産は、2分の1に分割されることが多いようです。

また、将来の退職金は、「近い将来に受領し得る蓋然性が高い（確かな見込みがある）場合」、財産分与の対象とすることができるとされました（1998年）。この判例では、定年まで10年を切っているケースでした。

離婚時の年金分割――基礎年金に加えて厚生年金も受給できる

年金分割制度の「第三号分割」では、離婚の場合に限らず、婚姻中でも第三号被保険者（通常、専業主婦）が請求すれば、相手の合意なしに厚生年金報酬比例部分の2分の1を分割することができます。これは法律に「夫婦共同して負担したものであるという認識」という文言を入れ、改正することにより実現しました。したがって、今日では、年金は当然分割され、自分の年金として受け取れるので、財産分与の対象とはしなくなっています。

債務も平等とされた

判例でも、夫婦共同生活で生じた債務の負担割合は特段の事情がない限り平等としています（1999年）。また不動産が購入時より下落しオーバーローンとなっている場合は、離婚時に清算すべき資産はないとしています（1998年）。さらには、離婚前の夫の所得税の滞納税額について、過大な財産分与を受けた妻も納税義務（第二次納税義務）を負うとされました（2017年）。

つまり、プラスの財産だけを分与の対象とすることはできないということです。

2-4 財産分与の基準は？

夫婦の財産は共有という認識になった

財産分与に具体的な基準はない

離婚する際の財産分与の基準については、現在の民法では、「夫婦の協力によって作った財産の額その他一切の事情を考慮して決める」としているだけで、ケースバイケースで決められてきました。このような事情から、１９９６年に改正案が出されていますが、この中には「選択的夫婦別姓」に関する法律案もあり、国会議員の中にも異論が多いことから、現在（２０２０年）も国会に上程されていない状況です。

財産分与の基準は寄与度による

この改正案の理念と目的は、「離婚後の当事者間の財産上の衡平を図るため」としています。改正案では、婚姻中に作られた財産の清算については、夫婦の「協力によって取得しまたは維持した財産の額ならびにその取得または維持についての各当事者の寄与の程度」などを考慮し、「各当事者の程度は、その異なることが明らかでないときは、等しいものとする」としています。つまり、条件付きながら２分の１基準が盛り込まれました。

2分の1基準は認識されるようになった

民法は改正されていませんが、この改正案が作られた当初、2分の1基準については議論が多かったのですが、現在「夫婦の財産は共有」という認識は次第に高まってきました。この点については、判例でも、共働きや家業を手伝っている場合の寄与度は原則として2分の1と認めています。

また、専業主婦の場合も家事労働などによる寄与度が認められるようになり、さらに現在では、特に寄与度を考慮することなく、夫婦の財産は共有という認識になってきました。

妻にも共有持分がある場合の財産分与の例では

夫婦で共有だったマンション（妻の持分1000分の117）に、離婚後、妻子が居住したケースでは、夫の持分は、子が高校卒業まで妻に賃貸する契約とし、その際の賃料は、夫が返済しているローンと同額としました。そのかわり、妻は高めの慰謝料を受け取ることになりました。

このケースは、夫が原告として離婚請求をしたもので、妻の清算的財産分与は認めず、子がいることから、扶養的部分が考慮されたという例です（2009年）。

このケースを一般的に考えると、マンションについて妻の持分が少ないのは、妻が家事・育児を受け持っていたため出資額が少なかったからでしょう。このケースでも離婚に際し、妻の育児や家事労働分はきちんと考慮されたのでしょうか。それが「高めの慰謝料」ということなのでしょうか。

マンションの共有持分を2分の1に増額するとともに、ローンも半分は妻が負担すればよかったのかもしれません。

2-5 財産分与の際、家事労働はどのように評価される？

家事労働も分与額加算の対象となる

家事労働も婚姻費用分担の1つ、金額で評価する

専業主婦の場合、家事労働は結婚生活を維持していくための婚姻費用分担の1つとして考えることができます。したがって、専業主婦が離婚をする場合には、まずは家事労働を金額で評価します。そして、妻が夫から受けた婚姻費用分担金のうち、妻の生活費と家事労働の金額を比べて、家事労働が大きい場合は、夫に未払分があるとして、その金額を清算し、財産分与すべきだとしました（1975年）。家事労働の未払額が算出されたことは、当時としては大きな意義がありました。

共働きと家事労働で寄与度を判断する

離婚に伴う財産分与でも、時代とともに家事労働がだんだん認められるようになりました。一方で共働きの場合でも、一般的に女性の賃金が低いことや、家事・育児を担うために夫と同等には働けません。その点を考慮して、取得する財産の差を家事労働で補う、あるいは家事労働を評価することによって財産分与額に加算されるようになりました。

共働きの事例で、結婚後に蓄積された財産は、いずれの名義であろうと夫婦の共有と認められる

としたうえで、結婚後3年間は夫婦の収入に大差がなく、その後妻の収入が減少したのは出産・育児によるもので、勤務のかたわら家事や育児に専心して蓄財に努めた点を考慮すると、妻の寄与度は5割を下ることはないとされました（1998年）。

また、妻は作家、夫が画家、各自で預貯金等をしていた事例では、離婚に際して自宅の45%が共有財産として清算の対象とされ、清算割合は原則的には平等だが、妻は18年間家事労働をし、その費用負担の割合や収入等を総合的に考慮して、寄与割合は妻6、夫4としました（1994年）。夫婦それぞれに収入がある場合、家事労働も考慮し分与額に加算されました。

財産分与で婚姻費用の清算をする?

離婚に際し、妻から財産分与と慰謝料が請求されたのに対して、夫は、婚姻中に余分に婚姻費用を分担したのだから、これは清算されるべきだという主張をした事例があります。

これに対し、①夫婦が円満に過ごした期間と、②離婚状態になってからの期間とを区別して考え、①の期間は、余分な婚姻費用は、清算をするという特別の取り決めなどがない限り、いってみれば贈与の趣旨でなされたものであるから清算しなくてもよい、②の期間は、清算の対象とすることができる、としました。

この事例では、慰謝料をいかに少なくするかという夫の主張に対して、円満であった期間の「余分」（2分の1を超えた分）は夫からの贈与と判断して清算はしないが、離婚状態であった期間は「余分」な部分として清算するという判断になったのだと思います。

2-6 離婚で扶養料は受け取れる？

扶養料は財産分与として受け取る

財産分与には扶養的な要素も含まれる

離婚時の財産分与には、「財産の清算分割」「離婚後の扶養」「慰謝料」の3つの内容が考えられていますから、離婚後の扶養料は、当然、財産分与の中に含まれます。しかし、専業主婦の場合でも、家事労働による財産形成への協力が次第に認められるようになり、扶養料は別に考え、財産分与は婚姻中に取得した財産の清算分割として行われることが多くなりました。

離婚後まで扶養されるという根拠は？

「離婚後の扶養」の根拠としては、婚姻の後始末として、あるいは生活に困った場合の社会保障の代替として考えられていました。しかし、夫婦間の扶養の義務は、本来、婚姻関係のある間だけで、離婚した後までも扶養の責任を負担するものではないともいえます。

離婚によって、他人同士となった以上、原則的には、自分の生活は自分で立てるべきで、それが情況により無理な場合は、離婚した配偶者ではなく、公的社会保障に求めることになるでしょう。

離婚給付の近時の考え方――社会保障の充実を

近時、女性の立場を護(まも)るという観点から、離婚後の扶養については、結婚によって失われた「稼働能力」（就業能力）に対する「補償」や、減退した所得を得る能力の回復に必要な費用の「補償」という意味合いが含まれると考えるべき、という意見も出されています。

しかし、財産分与にこのような「補償」を付け加えることに対しては、実際上困難であるなどの理由から否定的で、子どもがいる場合や病気や高齢などで働けない場合は、社会保障の充実によって解決すべき、という意見もあります。

アメリカにおける離婚給付の考え方

アメリカでは、歴史的に高額なアリモニー（離婚給付・扶養料等）制度がありましたが、今日の離婚給付は、自活に必要な期間と範囲に限定すべきで、再就職を目的とした技術習得のための費用の支払いなどがその典型的な例とされています。

つまり、自ら働いて生活を支えるべきであるという考えに変わってきたのです。

離婚補償の請求ではなく、自立が必要

日本で補償を求める考え方は、性別役割分担から生じる女性の不利益を根拠としています。役割分担せざるを得なかった場合は別として、今後は離婚に際して補償を求めなくてもすむような社会でありたいものです。「離婚というリスクに対する最良の保険」は、「補償請求」ではなく、女性の経済的自立です。働きたい人が働き続けられる環境作りが急がれます。

2-7

財産分与と慰謝料、両方請求できる？

財産分与と慰謝料は別に考える

慰謝料は、財産分与とは別に請求できる

慰謝料は、財産分与に含めることができるという考え方と、別に考えるべきという見解があります。夫やその母の虐待に耐えかね、3年で実家へ帰った妻は、財産分与が少なかったこともあり、このほかに慰謝料を請求したケースについて、最高裁は、2つの見解を認める判断を示しました（1971年）。

1つは、財産分与は、夫婦が婚姻中に所有していた実質上共同の財産の清算分配と離婚後の生計の維持を図るものであり、相手の有責な行為によって、離婚をやむなくされた精神的苦痛に対する慰謝料の請求権とは別のものと考える。もう1つは、慰謝料は財産分与に含めてもよいが、すでに財産分与がされていても別に慰謝料の請求もできる（慰謝料が含まれていない場合）、という判断です。

女性の立場からいえば、財産分与はあくまでも清算分割にしぼり、特に現在問題になっている暴力行為や虐待などがある場合の慰謝料は、財産分与とは切り離して考えるべきです。

破綻離婚の場合、慰謝料はない

離婚の考え方が、有責主義（離婚原因に責任があるかどうか）から、破綻主義（婚姻が破綻している状態かどうか）へと変わってきて、責任は追及しないということになると、損害賠償や慰謝料の請求はなくなっていきます。これは、浮気など一方の配偶者に離婚原因がある場合、相手の責任を追及するよりも、早く別れて再出発したほうがよいということからです。これも1つの選択肢です。

財産分与額を統計数値から見ると

財産分与額の統計をとった事案には、離婚とともに財産分与を求める事案と、離婚後財産分与だけを求める事案があります。2018年のこの両事案数で調停または審判は2万6135件で、そのうち、財産分与額の取り決めがあるものは7467件（約29％）です。このうち、支払額は200万円以下が約36％です（司法統計2018年度版）。

妻の収入と共稼ぎ世帯数の増加

一方、給与所得世帯の妻の年収130万円以上は、約33％と過去20年の間に大きく伸びました。（前出、2017年全国生計費調査）。これは、結婚後も事情が許す限り働きたいという女性が増えたこと、また2人で働くことにより、より良い生活が得られるということもあるでしょう。

共稼ぎ世帯数は、1980年の約600万から2019年は約1250万となっています（総務省「労働力調査」ほか）。この間、税制面からみれば、1987年に配偶者特別控除が、「パート収入103万円の壁」という逆転現象を解消させる目的もあって導入されたことも影響しているでしょう。結婚しても、女性が経済的に自立できるようにしておくことは大切です。

2-8 子どもの養育費を受け取るには？

養育費は請求できる

子どもを引き取るなら、養育費が請求できる

子どものない夫婦でしたら、離婚はお互いに合意さえすればよいのですが、子どもがいる場合は、どちらが親権者になるかを決めなければ離婚届を受け付けてもらえません。

子どもを育てていくには、養育費がかかります。もし母親が子どもを引き取って育てるなら、父親に対して養育費を請求することができます。

養育費は調停で決めておく

養育費の支払いは、最初のうちは支払われていても、相手が再婚したり、さらには子どもができたりすると支払われなくなるという話をよく耳にします。このような場合に備えて、単に口約束ではなく、家庭裁判所の調停で決めてもらったほうがよいでしょう。支払わない場合には、調停調書にもとづいて相手の財産を差し押さえることができます。給料の場合は、4分の1までです。

養育費の支払い実態は

「全国ひとり親世帯調査2018年」によると、離婚の場合に父親から養育費を受け取ったことがないと答えたのは56％（1998年は60％）、また2018年に受け取っている一世帯の月額平均は4万3707円（1998年は5万3000円）と厳しい実態です（厚生労働省）。ちなみに、国公立大の授業料は年額53万5800円、月額にして4万4650円です（2018年度現在）。

離婚時にまとめて受け取っておくことも

親同士が離婚をしても、親として子に対する扶養義務は依然としてあるわけですから、通常、父親がこの履行として養育費を支払います。

問題なのは、相手が長期にわたって養育費を支払い続けてくれるかどうかがわからないということ、また調停調書に養育費の支払い事項があっても、相手に差し押さえる財産がなければ、絵に描いた餅になることで、離婚時点で相手に預貯金等があるなら、一度に受け取ることを考えます。

この場合、子どもの名義で預金をしておき、毎月必要な一定額を引き出して養育費として使用するのなら、課税されることはありません。しかし、そのお金を住宅のために使ったりすると、住宅の名義人に、その分に対して贈与税がかかることになります。

教育費の無償化――国で育てる制度に

消費税率10％の引上げにより、幼児教育の無償化が、2019年度から一部、2020年から全面開始となりました。2020年4月からは、大学等高等教育の無償化が、低所得世帯（住民税非課税世帯に準ずる世帯）に適用されています。

子どもは国で育てるという制度ができつつあります。

2-9 児童をめぐる法律はどうなっているか？

児童虐待防止と児童の権利利益を擁護するための制度

親権を停止する制度がある（民法）

近年、児童虐待が後を絶たず深刻な社会問題となっています。そこで、民法が改正され、親権が制限できる制度となっています。

家庭裁判所は、「父または母による親権の行使が困難または不適当であることにより子の権利を害するとき」は、2年以内の期間を定めて親権停止の審判をすることができるようになりました。

このほかにも、次のように改正され、2012年4月より施行されています。

親権、管理権の喪失原因の見直し

家庭裁判所は、親権、管理権の喪失の審判をすることができます。

また、児童相談所長も、親権喪失、親権停止、管理権喪失の審判、審判の取消しについて、家庭裁判所へ請求できます。

未成年後見制度の見直し

これまで、未成年後見人は1人のみでした。そのため負担が大きく、後見人となる人が見つかりにくい状況でした。そこで、親権を制限した後の子の安定した監護を実現するために、後見人は複数でも可能となり、法人も選任できるようになっています。

子の利益という観点が明確化されている

親権を行う者は、子の利益のために子の監護や教育をする権利を持ち、その義務を負います。したがって、親権者は、子の利益のために子の監護および教育をすべきことが明確化されています。

親権者は、子の利益のために行われる子の監護および教育に、必要な範囲内でその子を懲戒（こらしめること）することができます。

離婚後の子どもの「監護」について

離婚する場合、離婚後の「子の監護について必要な事項」の具体例として、面接交流や教育費の分担が明示され（割合については協議による）、「子の利益を最も優先して考慮しなければならない」との理念が明記されています。

虐待が増加している現状への対応

児童虐待防止法が２０１２年4月1日に施行されましたが、２０１８年度の児童相談所における児童虐待相談対応件数は15万９８５０件、前年度から約20％増加しており、過去最多でした（厚生労働省）。

なぜ、児童虐待が後を絶たないのでしょうか。子どもは国の共通の財産です。親自身の問題のほか、役所の対応に問題がある場合もあるようです。原因の究明とその対策が急がれます。

2-10 夫（妻）の商売を手伝ってきた場合の財産は？

事業を手伝った場合、財産は共有になる

共有持分は半分となる

夫の事業を手伝って共に働いていた場合、夫婦で蓄積した財産は原則として共有です。ある呉服商の事例では、その収益で購入した4件の不動産が共有財産であり、妻の持分は2分の1が相当であるとしています。このケースは法律婚ではなかったのですが、実態が夫婦として共同経営であったということから、このように判断されました（1982年）。

相続の場合は、他の相続人に影響を及ぼすため、実質的には配偶者と同様の関係であっても、法律上の配偶者でなければ財産の取得は難しいのですが、財産分与は当事者間の問題ですから、法律婚でない場合でも、判例でも早くから認められていました。

共有財産の7割が認められることも…

妻の事業を夫が手伝っていたが、酒に溺れ暴力をふるうようになった事例では、慰謝料のほか家事労働も考慮して、婚姻中蓄積した財産の7割を妻に財産分与した例もあります（1975年）。

逆に、加工業で妻が外回りと経理を担当していたケースでは、事業が夫の技術と信用によって成

り立っていたという点を考慮して、妻の寄与は４割とされました。このケースは古い時代背景もあったせいか、家事労働は考慮されなかったようです（１９６６年）。

青色事業専従者は、給与を受け取ることが重要

事業を手伝っていれば、離婚のときの財産分与は認められますが、青色申告と青色事業専従者の届出をして、給料を受け取ることが大切です。妻の給料は課税の対象となりますが、給料によって自分自身の財産を作ることができます。また、この給料は夫の経費となり、その分税金が安くなります。ただし、労働より多額の給料を支払うと税務上問題となる場合もありますから、適正な金額で支払うことが肝心です。なお、家事・育児などで、財産形成に差が生まれれば、相続や、離婚の場合の財産分与で補われることになります。

夫名義と妻名義の財産に差がある場合

離婚の際に夫名義と妻名義の財産を比べると、妻のほうが少ない傾向があります。これは女性が低賃金であったり、家事・育児のためにフルタイムでは働けなかったことなどから生じます。男女同権が最も進んでいるスウェーデンでさえ、この差はあるそうです。そのため、夫婦財産制が別産制であるドイツやスウェーデンのように、相続時に差額を調整して平等に分割できることが望ましいのですが、日本では２０１８年の民法改正においても、このような制度の実現とはなりませんでした。

2-11 離婚しても今の姓を名のれる?

「続称の届出」をして新しい戸籍を作る

離婚による改姓は不利益が大きい?

離婚をすると、婚姻によって姓を変えた人が旧姓に戻ります。このことは、結婚によって改姓することに比べて大変な煩わしさが伴います。なぜなら、一般的に結婚のとき以上に財産が増えていたり、社会的地位が変わっていたり、付き合いが増えているからです。

仕事上の書類などの改姓、不動産や預貯金の名義変更、パスポートや生命保険契約・住宅ローン契約など契約書類の改姓、実印の作り直しなど、実にさまざまな手続きが必要です。

また姓を変更することで、離婚したことを対外的に知らせることになり、それまで得てきた社会的地位を失うことがあるかもしれません。また、子どもと姓が違ってしまうことにもなります。

これらの不利益は、多くの場合、女性が負っています。

離婚後も引き続き婚姻中の姓が名のれる

結婚後も働き続ける女性たちが台頭し、そして彼女たちが離婚に直面し、身をもって不都合を体験したことから要望が出され、「続称の届出」が可能になりました。

離婚の日から3か月以内に、それまで使用していた姓の「続称の届出」をすると、その姓の新しい戸籍が作られます。この届出は、戸籍地または市区町村役場に行います。

離婚の届出をして旧姓に戻ってから「続称の届出」をした場合は、戸籍の筆頭者でないか、あるいは同籍者がいれば新戸籍を作れます。戸籍の筆頭者で同籍者がいない場合は、筆頭者の姓が続称の姓に更正（直す）されます。

旧姓に戻りたい場合も新戸籍が作られる

婚姻届は出したが、そもそも結婚にあたって、自分の姓を変えたくなかったので、旧姓に戻りたいという場合もあるでしょう。この場合は、結婚前の戸籍に入籍（復籍）しますが、旧姓で自分だけの新戸籍を作ることもできます。これは、成人していれば、婚姻に関係なく自分の戸籍を作ることができるからです。

子どもを母の戸籍に入れたい場合は改姓届を

母が続称する、あるいは旧姓に戻るという、どちらの場合でも、子を自分の戸籍に入れたい場合は、家庭裁判所に「子の氏の変更許可の申立て」をしてからになります。

つまり、父と母が同姓の場合でも、父の姓から母の姓への変更という申立てが必要です。

2-12 財産分与をしたほうに税金がかかるって本当？

所得税や住民税の課税対象になる

不動産による財産分与は「資産の譲渡」と考える

離婚のときに夫（または妻）が不動産を財産分与すると、売った場合と同じく、「資産の譲渡」があったとして、この不動産を買ったときから分与をするときまでの値上がり益（譲渡益）があれば税金がかかります。財産分与として不動産を渡し、お金は受け取っていないのに、なぜ税金を払わなければならないのか、という点は、確かに納得しがたいことです。

そこで、財産分与をしたところ、所得税と住民税を課された夫が、離婚の場合の財産分与は、婚姻中の妻の貢献を評価した共有財産の分割であるから、不動産の名義を変更しても、財産の実質的な変更ではないとして、多くの訴訟が起こされました。

しかし、不動産を処分して現金で渡す場合と同じように考えれば、資産を譲渡しているのです。税法上は、財産分与をする義務を果たすということは、妻に対する借金がなくなり、これは夫にとっては経済的な利益と考える、というのが最高裁の判断です（１９７５年）。とはいえ、この考え方はなかなか一般的にはわかりにくいものです。そこで、分与した側に税金がからないように「取得価額の引継ぎ」という制度が考えられるのです（⬇2－13）。

専業主婦の場合、共有とは認められない

最高裁の判決後も、財産分与された夫名義の不動産に対する妻の共有持分、少なくとも潜在的な共有持分があるとして争われましたが、専業主婦の場合は現在まで認められていません。

不動産取得税では専業主婦の共有持分が認められる取扱い（⬇2－13）とは大きく異なります。

共働きの場合は共有と認められた

名実ともに共働きの夫婦が、「財産分与の譲渡所得課税」について争った事例では、教職員として同程度の収入を得ていた夫婦で、連帯して借入れをして居住用の土地を取得し、その土地の名義を夫としていたケースでは、初めて請求が認められました。その借入金は、夫と妻がほぼ同等額の給与を合わせて管理していた生活資金から、共同で返済していました。そのため土地の所有権は両者が共有していたものとし、共有物の分割であるから譲渡所得は発生しないとしました（１９９４年）。当時は、共有でローンを組んでいても、妻は、子どもが生まれると退職することもあり、名義は夫とすることが多かったようです。

共働きなら共有名義・連帯債務に

共働きで、夫婦同額ずつ借入金が返済できるのであれば、当然のことながら不動産を買うときは２分の１の共有名義にし、借入金も連帯債務あるいは各自で借入れとしたほうがいいでしょう。離婚時の財産分与も清算分割とすることになりますし、相続の際にも２分の１は相続財産には含まれません。

2-13 財産分与を受け取ると税金がかかる?

通常、贈与税や不動産取得税はかからない

財産分与として過大なものではないことが条件

贈与税は贈与を受けたときに、贈与を受けた人にかかる税金です。しかし、財産分与は、分与により受けた財産が夫婦の協力によって作られた財産であり、その金額も妥当であれば、その趣旨を尊重して、贈与とはされず贈与税はかかりません。また、不動産取得税も、財産分与の場合は同様にかかりません。ただし、名義を変更するための登録免許税はかかります。

ここでは、財産分与者が夫、分与を受けたのが妻として解説します。

財産分与を受けた妻は課税されないようになっていますが、不動産で財産分与をした夫のほうには、「資産の譲渡」があったとして税金（所得税・住民税）がかかります（➡2−12）。不動産の名義を変えただけで、まったくお金を受け取っていないのになぜ、と驚くかもしれません。税金がかかるなら財産分与をやめるという事態も出てきました。

財産分与で取得した土地を売ると…

そこで、財産分与として土地を受け取った場合に、この土地の時価を明記してもらいます。たと

えば5000万円であったとします。こうすると、妻が後日この土地を売るときに、取得費はこの5000万円であったとして、譲渡の収入金額から差し引くことができます。

夫が財産分与したこの土地は、以前3500万円で購入していたものであれば、所有していた期間に1500万円値上りしており、これに対する税金は夫が支払うことになります。その後に、妻がこの土地を同額の5000万円で売れば、税金はかからないことになります。

「取得価額を引き継ぐ」という制度に改正されれば

本来、財産分与により受け取った夫名義の土地の2分の1は、妻の協力によるもので実質的には妻の持ち分だったと考えると、この分の登記名義を妻にしても譲渡ではないということになります。民法上はこのように考えられても、税法ではこれを認めていません。

この場合、以前3500万円で取得した夫の土地（2分の1相当分）を財産分与により妻が受け取ったときに、この「取得価額を引き継ぐ」と考えると、妻の取得価額も3500万円となり、5000万円で売れば、1500万円の値上がり益が妻の課税の対象となります。現在は分与時に夫に課税されていますが、この「取得価額を引き継ぐ」という制度に改正されれば、妻が売るときの譲渡益に課税されます。つまり、財産分与をするまでの値上がり益の税金をどちらが支払うかという問題で、妻は、実質的に自分の土地であったということであれば、売ったときに妻に税金がかかるのはやむを得ないでしょう。このような制度にすれば、財産をあげた人（者）に税金がかかるなら自宅を財産分与の対象にはしない、ということが減るかもしれません。

2-14 ローンが残っているマイホームを受け取ったら?

ローン付き財産分与も課税の対象となる

財産分与額は時価で計算する

共稼ぎにより取得した共有名義の自宅を、離婚により財産分与として清算する場合、この自宅が現在いくらするのか、その時価を調べて、財産分与の価額を決める必要があります。

財産分与時に、婚姻期間によっては、まだ住宅ローンが残っている場合があるでしょう。

ローンが残っている共有名義の自宅の2分の1を、妻に財産分与すると、自宅は妻名義になります。そこで、夫のローン残も妻が引き受けた場合、夫の税金はどうなるのでしょうか。

夫の譲渡収入にはローン残も加算される

たとえば、夫が財産分与額として、夫の持分1500万円分と、ローン残額500万円を妻に譲渡した場合、合計額の2000万円が夫の譲渡収入になります。これはローン残を妻に渡すことで、夫の借金はなくなり、500万円を支払わなくてもよくなりますので、これを税の考え方では「経済的利益」といい、税金の対象となるのです。

譲渡の税金を計算する場合は、譲渡収入から購入代金と譲渡にかかった費用を差し引きます。土地代金はそのまま差し引けますが、建物は時の経過によりその価値が減少していますから、差し引く価額は購入価額より低い価額になります。そこで従来は利益が出ていましたが、バブル期に買った物件は、逆に値下がりにより赤字となる場合もあるでしょう。

居住用なら3000万円の特別控除がある

不動産を財産分与した場合には、資産を譲渡したことになり、所得税や住民税がかかりますが、居住用の自宅なら、3000万円の特別控除があります。ただし、この特別控除は妻や親子など身内に譲渡する場合は受けられませんので、離婚届を出して他人になってから財産分与の登記をする必要があります。

財産分与額は明確にしておく

財産分与の価額は明確にしておかないと、夫が確定申告のとき、譲渡所得の計算ができません。また、後日、譲渡収入とされる時価について税務署と夫の間でトラブルになることがあります。

この点について、財産分与する価額が書面に明示されているときは、その価額によりますが、この価額の記載がない場合でも、財産分与とする資産の価額が明示されているときは、その資産の価額をそのまま財産分与の価額と考えることができるという判決が出されています(1991年)。

「夫の財産分与額＝分与した不動産の時価＝妻が分与を受けた不動産の取得価額」ということになります。

2-15

離婚したら税金からの援助はある？

「寡婦控除」あるいは「ひとり親控除」が受けられる

寡婦控除が受けられる寡婦とは

離婚や死別をすると、経済的に苦しくなる場合も多く、そういった人の税負担を少しでも減らすための所得控除があります。これを寡婦控除といいます（⬇1－9）。

寡婦控除が受けられる寡婦とは、次に掲げる人で「ひとり親に該当しない人」をいいます。

①夫と離婚した後、再婚をしていないが扶養親族がいる人で、合計所得金額が500万円以下の人
②夫と死別した後、再婚をしていない人、または夫の生死が明らかでないなどの人で、合計所得金額が500万円以下の人。なお、この場合、扶養親族の要件はありません。

この寡婦控除は、2020年以降、新たな内容に改正されました。2019年までとの主な違いは、扶養親族がいる寡婦についても合計所得金額500万円以下という要件と、事実上婚姻関係と同様の事情にある人がいないことという要件が追加されたことです。これまで子どもがいれば、控除の対象となる寡婦に所得制限はなかったのですが、上限が設けられたという面では、所得が多くなった人も増え、適用が厳しくなったといえます。

未婚のひとり親に対する税制上の措置として「ひとり親控除」が創設された

寡婦控除はもともと、戦争によって夫を亡くした妻を救済する目的で導入された制度です。そのため、法律上の婚姻歴のない、いわゆる未婚のひとり親については、これまで控除の対象となっていませんでした。また、女性の置かれている社会環境を考慮して、女性（寡婦）は、男性（寡夫）よりも適用しやすくしたり、控除額を大きくしたりと優遇されていました。

そこで、過去の婚姻歴の有無に関係なく、全てのひとり親家庭に対して公平であるべきとの観点から、今回の改正により、婚姻歴の有無や性別にかかわらず対象となる「ひとり親控除」が適用されることになりました。「ひとり親」とは、次の3つの要件の全てに当てはまる人をいいます。

①事実上婚姻関係と同様の事情にある人がいないこと
②生計を一にする子がいること。この場合の子は、その年分の総所得金額等が48万円以下で、他の人の同一生計配偶者や扶養親族になっていない人に限られます。
③合計所得金額が５００万円以下であること

男性（寡夫）も「ひとり親控除」が受けられる

これまで男性は寡夫控除として、寡婦控除とは区別した控除額が適用されていました。今回の改正により、男性・女性の区別なく「ひとり親控除」が適用されます。

未婚のひとり親が増加しているという現状を踏まえて、法律婚であったか事実婚であったかに関係なく適用される「ひとり親控除」が創設されたのです。

2-16

養育費を支払っていれば、扶養控除はできる？

同居していなくても養育費を支払っていれば扶養控除ができる

扶養控除は「生計を一にしている」ことが条件

父親としては、今まで育ててきたのに、離婚して妻に子どもを渡したうえ、養育費だけは支払わせられる。自分が再婚したら負担は一層大変です。せめて支払った養育費が扶養控除の対象にならないかと考えるのも当然でしょう。

扶養控除の対象となるには、大前提として「生計を一にしている」ことが必要です。というと一緒に住んでいることかと思いがちですが、必ずしも、同居している必要はありません。たとえば大学生となって別居していても、学費や生活費を仕送りしていれば、扶養控除の対象となります。

父親・母親両方で扶養控除はできない

また、子どもを引き取った母親が、子どもの養育費が送られてくるとはいえ、それで十分というわけでもなく、送金がずっと続くとも限らないし、自分の生活もあります。働いていれば、子どもを扶養家族にしたいと当然考えるでしょう。

しかし、1人の子どもを父親と母親の両方で扶養していても、税制上、扶養控除はどちらか片方でしか控除できません。どちらで控除するかは、話し合って決める必要があります。

円満な夫婦でも扶養控除の分割はできない

共働きの夫婦の場合、子の扶養控除は通常所得の多い人が受けるほうが税制上は有利です。夫のほうからというのが一般的ですが、最近は女性の社会進出もすすみ、夫婦が同程度の所得という場合もあるでしょう。養育費用も夫婦で出し合うのだから、扶養控除も両方でできないかという声もありますが、現在の税法では、分割して受けることはできません。子どもが２人いれば、当然ながら、父母が１人ずつ控除することができます。

ちなみにイタリアでは、子の扶養税額控除は、原則として両親に平等に割り当てられています。

子どもに所得があれば控除できない

子どもといっても、16歳以上であれば年齢の制限はありません。アルバイトの収入だけなら年間１０３万円以下は扶養控除の対象となります。２０２０年から最低の給与所得控除額が55万円となりますが、基礎控除は48万円となりますので、この１０３万円という基準は変わりません。他に原稿料などの所得（収入から経費を引いたもの）がある場合は、それらの合計額（合計所得金額）が48万円以下なら、扶養控除の対象となります。

子の扶養に対しては、所得が高い人ほど適用税率が高いので、税金の控除額が大きい所得控除より、１人の子に対して同額の児童手当のほうが公平で望ましく、16歳未満の子には児童手当が支給されています。

コラム2

全国女性税理士連盟（女税連）での活動

私が税理士登録をしたのは、1971年2月。全国女性税理士連盟（女税連）から新合格者祝賀会のお招きをいただき、入会することにした。

入会した当時、研究部では「離婚に伴う財産分与」を研究していた。私は、学生時代から、男女平等を強く意識していたので入部したが、当時の主な研究テーマは「妻の座」の向上のためのものであった。

そこで私は「内助の功」によって夫から財産をもらうのではなく、「妻も働いて自分自身の財産を形成していく」という思いをこめて、研究報告の最後に「明日の女性像を求めて」という章を入れさせていただいた。

これを原点として、その後も全国女性税理士連盟編著の書籍『妻たちの税金』『租税手続きべんり事典』『配偶控除なんかいらない!?』『どうなっているの？　わたしの税金と年金』等の出版作業に携わった。

なかでも、当時は「妻の内助の功」をどう評価するか、「妻の座の地位向上」が重要な問題であった時代で、配偶者控除廃止論（妻が自立するために配偶者控除を廃止すべきとする主張）など世間で受け入れられるはずもなかった。そこで、この書籍のタイトルをどうするかが問題となり、『配偶者控除なんかいらない』とするが、末尾に「!?」を付けることで、問題提起の本としてなんとか出版することができた。

この本はその後、配偶者控除に関わる論文等で引用されることとなり、また配偶者控除等についてのシンポジウムなども多数開催された。

このような女性の地位向上にかかわる女税連での活動は、私にとってライフワークとなっている。

第 3 章

家族や親子の関係

法律・税金

3-1 女性の権利は憲法でどう規定されている？

憲法14条と24条に男女平等が規定されている

性別で差別されない

すべての国民は、法の下に平等であって、人種、信条、性別、社会的身分または門地（家柄のこと）により、政治的、経済的または社会的関係において差別されないことが憲法（14条）に規定され、男性か女性かで、賃金や待遇などが差別されることは憲法違反となります。

また、配偶者の選択、財産権、相続、住居の選定、離婚ならびに婚姻および家族に関するその他の事項に関しては、法律は、個人の尊厳と両性の本質的平等に立脚して、制定されなければならない（憲法24条）としています。

この憲法ができるまで、妻は無能力者で、法律行為には夫の同意が必要でした。

憲法を受けた民法は夫婦平等とした

憲法24条では、婚姻は両性の合意のみに基づいて成立し、夫婦が同等の権利を有することを基本として、相互の協力により維持されなければならないとしています。これらの憲法の規定を受けて、民法は「両性の本質的平等」、つまり夫婦は平等であるとされました。また、民法改正により、女性の婚姻年齢が男性と同じ18歳に引き上げられました（２０２２年4月施行）。

かつての「家」制度は戦後経済の高度成長を支えた

戦前は、長男1人だけが家業・財産を継ぎ、家族を養い、支配していました。これが「家」制度ですが、戦後の民法は、この制度を廃止し、憲法や民法で個人の尊重と夫婦の平等を規定しました。しかし「家」制度は、日本経済を支える基盤となり、「日本型経営」として生かされました。

現在も、長男が氏とともにあとを継ぐという「家」という意識や、「嫁の立場」は依然として残っています。

夫婦平等に関する実態は…

憲法制定から70余年を経過し、女性は社会のあらゆる分野に進出できるようになりました。とはいえ、実質的には、まだ平等になっているとはいえない部分もあります。それは、女性が働きながら妊娠、出産、育児を続けられる環境が、いまだに充分整っているとはいえないからです。

平成28年度「男女共同参画社会に関する世論調査」によると、「家庭生活」で、男女の地位は平等になっていると思うかという問いに対し、「平等」と答えた割合は、約47％といまだ半数にも満たない数字です。また、「社会通念・慣習・しきたりにおける男女の地位の平等感」については、「男性のほうが優遇されている」とする者の割合が約70％という高い数字が出ています。

なお、現行憲法が制定された当時「婚姻は両性の合意のみに基づいて成立」と明記されたことはとても新鮮でしたが、世界的には同性婚も認められるようになった現在では時代に合わなくなってきています。

3-2 「家族」についての法律とは？

民法で決められている

家族のことは民法で決められている

結婚し子どもが生まれ、人数が増えていきます。このような集まりを家族といいます。

民法では、第4編を「親族」、第5編を「相続」とし、それぞれを親族法、相続法といいます。

親族法では、夫婦について、結婚から離婚までの権利や義務・財産を、親子については、実の親子と養親・養子との身分関係や権利と義務を規定しています。相続法では、家族が死亡した場合の相続について決めています。

民法は、主として夫婦、親子を中心とする一夫一婦制の小家族、すなわち核家族を対象としています。民法の「親族」、「相続」の部分をあわせて、一般に「家族法」といっています。

成人の年齢は18歳に引き下げられる

成人は、原則として未成年者を除いて、個人として自己責任で自由に行動することができます。

成人の年齢は、20歳から18歳に引き下げられます（飲酒、喫煙の場合を除く。２０２２年４月施行）。

選挙権は、２０１６年より18歳に引き下げられています。

家族法の中心は夫婦関係と親子関係

夫婦の間では、同居、協力、扶助の義務が規定されていますが、これに対し直系血族（親子など）や兄弟姉妹は、互いに扶養する義務があると規定しています。また、同居親族の助け合い義務もあります。

これらの規定は、明治民法の家制度から、家制度が廃止された現在の民法下でも残された考え方です。税制面でも扶養控除などは、この考え方を採用したため、社会保障制度を遅らせる要因ともなりました。本来、このような扶養は、家族間ではなく、社会保障によってされるべきで、暫定的な規定であるという民法学者の見解もあり、改正が検討されましたが、家族制度を護ろうとする保守的な意識が強く、いまだ実現していません。

兄弟姉妹の扶養義務は必要か

兄弟姉妹を当然に扶養義務者とする法律は世界的にも珍しいといわれています。家制度の名残で日本独特のものであって、現代の社会では、あまり合理性を持たないともいわれています。

単身者が増加する今日では、助け合いは必要でしょうが、「扶養を義務」とすることは、経済的な援助も必要ということです。また、生活保護規定には「親族養優先の原則」（親族がいるなら、生活保護を受けるより先に親族が扶養すべき、という原則）がありますが、兄弟姉妹の扶養は、道義上はともかく、法律上は義務とまでしなくてもよいのではないでしょうか。

ちなみに、相続において兄弟姉妹は、相続人に子や孫、親や祖父母などがいない場合にのみ相続人となります。

3-3

「親族」ってどういう人たちのこと？

親族の範囲は民法で決められている

親族には血族の関係と姻族の関係がある

民法では、家族とはいわず「親族」といい、親族には、血族と姻族という関係があります。

血族は、さらに自然の血のつながりがある親子や兄弟など（自然血族）と、法律上作られた親子関係（法定血族）、つまり養親や養子の関係があります。

姻族は結婚によって生じる配偶者の兄弟や親との関係をいいます。夫と妻の血族との関係、同様に妻と夫の血族との関係です。

なお、親族の関係は、近い順に番号が付けられています（左図参照）。

親族の範囲

民法では、次の者を「親族とする」としています。

・六親等内の血族（左図のうち、直系・傍系の血族の❻まで）
・配偶者（配偶者を親族に加える国は少ない）
・三親等内の姻族（左図のうち、姻族の❸まで）

●親族の範囲

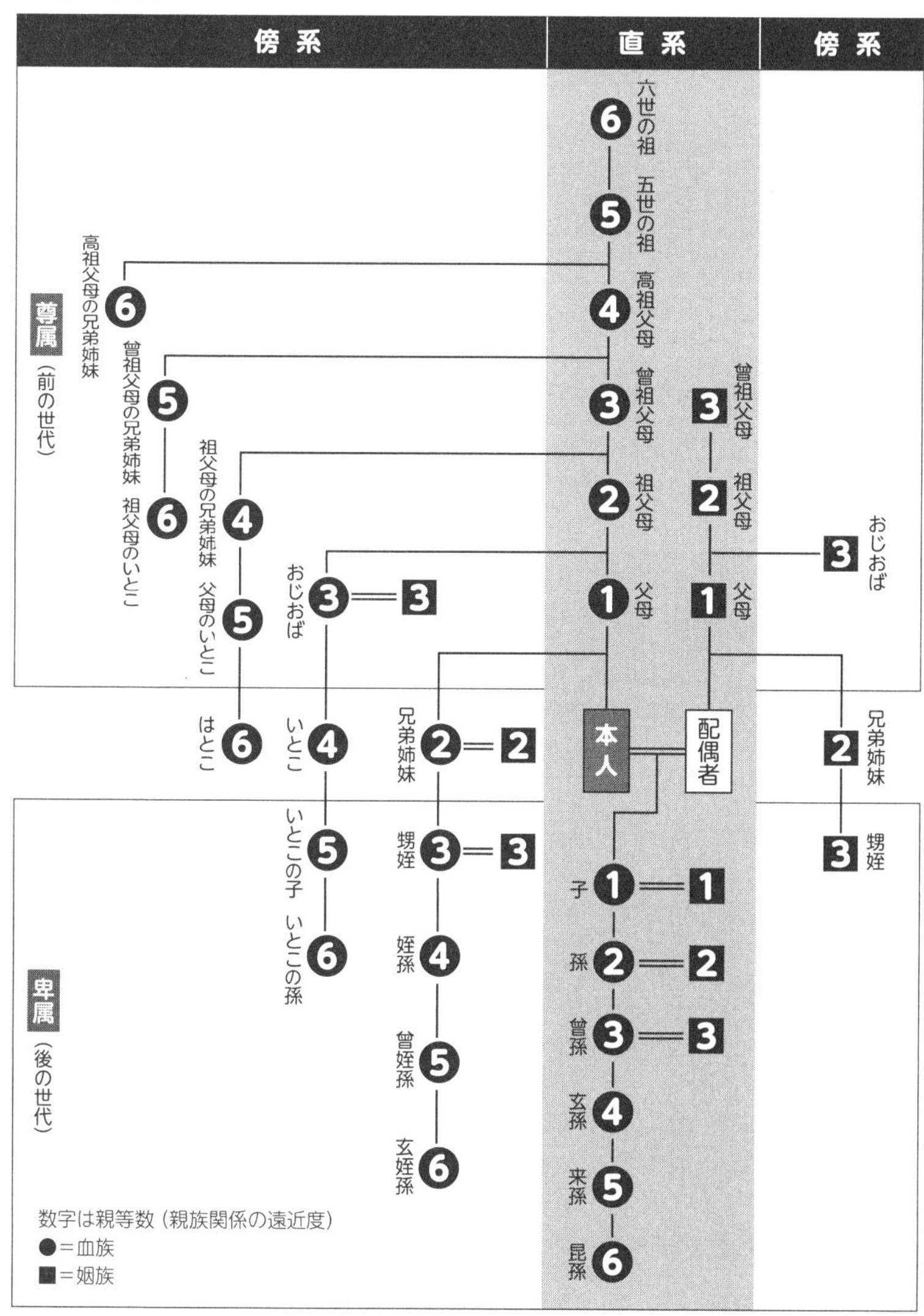

傍系
直系
傍系
尊属
（前の世代）
卑属
（後の世代）
六世の祖
五世の祖
高祖父母
曾祖父母
祖父母
父母
本人
配偶者
子
孫
曾孫
玄孫
来孫
昆孫
高祖父母の兄弟姉妹
曾祖父母の兄弟姉妹
祖父母のいとこ
祖父母の兄弟姉妹
父母のいとこ
はとこ
おじおば
いとこ
いとこの子
いとこの孫
兄弟姉妹
甥姪
姪孫
曾姪孫
玄姪孫
数字は親等数（親族関係の遠近度）
●＝血族
■＝姻族

3-4

親の義務って法律で決められている？

親には子の監護・教育の権利と義務がある

子に対する親の権利と義務

父母には、未成年の子に監護・教育等をする権利や義務があります。これを親権といい、民法で具体的に決められています。その内容は、居所指定権、職業許可権、財産管理権、親権者の注意義務などが規定され、「懲戒権」（不正な行為に対して制限を加える権限）もあります。これらの権利と義務を総称して「親権」といいます。「親権」というと、親の権利という側面が全面的に感じられますが、現在は、子の利益を護る義務としての側面が強調されています。

親権に服するのは未成年の子のみ

父母の親権に服する（従う）のは、成年に達しない子、つまり未成年の子と限定されています。現行の民法に「家のための親権法」という考えが残されたため、この「親権」や「親権に服する」という言葉は明治民法の表現のまま使われています。

たとえばドイツでは「親の配慮」、イギリスでは「親責任」と表現を改めています。日本でも「親権」という言葉を改め、「懲戒権」は削除する時期にきているという意見もあります。親の積極的・

消極的育児放棄、過度の懲戒、遺棄、殺害と後を絶ちません。このようなことから、誤解されやすい「親権」という言葉より、イギリスの「親責任」という言葉のほうがわかりやすいと思います。

親権は父母が共同して行う

親権は、家庭生活における両性の本質的平等から、原則として父母が共同して行うとしています。婚外子は母が親権者、認知後は父母の協議により、父を親権者と決めることができます。

子の保護を図る観点から、親権者がいない場合には、未成年後見の制度が設けられています。

親権者は、子と利益が相反する行為をする場合には、子のために特別代理人を選ぶよう、裁判所に請求しなければなりません。たとえば母親と未成年の子とで、父親の遺産分割をする場合などがこれにあたります。

親権者を争う場合は家庭裁判所で

親権が問題になるのは、離婚の場合です。離婚後どちらが親権者となるか協議がまとまらず、子の奪い合いがあるような場合は、家庭裁判所に決めてもらうことができます。この場合、一般的には母親が親権者となる場合が多いようです。欧米諸国、中国、韓国などでは共同親権制度が導入されていますが、日本は単独親権制度です。これに対して父親が憲法違反であるとして最高裁に上告しています（２０１８年）。結果が待たれます。

なお、国は、親権に関して監督、干渉することができます。また、親が義務を適切に行えるよう、環境を整備する義務を負っています。学校教育などはその例です。しつけと称する子に対する虐待がなくなるよう早急な対策が求められています。

3-5

未婚の母の場合、子にはどんなデメリットがある？

認知されなければ、父親との親子関係はなく、相続もできない

子には嫡出子と非嫡出子がある

婚姻届を出した法律上の夫婦の間に生まれた子を嫡出子といいます。これに対して、婚姻届を出さずに生まれた子を非嫡出子（私生児ともいう）といいます。子と母との関係は、分娩という事実により、特に認知（事実の確認のこと）をするまでもなく、当然に親子関係が発生するとされています。

父は認知することができる

父と非嫡出子の関係は、父が認知届を提出すること（任意認知）によって、出生の時にさかのぼって親子関係が発生します。父親の認知がなければ親子関係は生じませんから、子としての権利はなく、相続もできません。父が認知をしない場合、子はいつでも認知の訴えを起こすこと（強制認知）ができ（父の死亡後は3年に限定される）、親子関係を成立させることができます。

父が認知した子は、その父母が結婚すると「嫡出子」になります。また、父母が婚姻中に認知した子も「嫡出子」になります。

非嫡出子は、母親が出生届を出すことにより、子は母親の戸籍に入り、親子関係が生じます。父親が認知しない場合、子の戸籍上の「父」の欄は空欄になっています。父親が認知すると、この欄に父親の名前が記載されます。

嫡出子と非嫡出子の相続分は同じになった

認知されれば親子関係が発生し、子としての権利があります。また相続もできます。しかし、非嫡出子の相続分は、かつて嫡出子の半分とされていました。

憲法上「個人の尊厳」と「法の下の平等」が謳われていますが、依然として正式な婚姻による家族の保護に重きがおかれ、非嫡出子は、子に全く責任がないにもかかわらず、不平等な取扱いがされていました。

2013年に、ようやく、最高裁大法廷で憲法違反の決定が出され、同年に民法が改正され、非嫡出子と嫡出子の相続分は同等になりました。

しかし、この最高裁の決定に対しては、依然として、正当な婚姻関係にある家族を護るべきであるという根強い考え方は残っており、反対の意見も多いようです。この結果、配偶者を護るため、2018年の相続法の改正で配偶者居住権（配偶者に、終身または一定の期間、居住していた建物の使用を認める権利）が規定されたという経緯もあります（➡4-3）。

3-6 特別養子は普通の養子とどう違う？

特別養子は、子のために実親との関係を一切断ち切る形態

特別の事情がある場合の、子の利益のための特別養子制度

親がいない子、親に捨てられた子、親による養育が困難な子など特別の事情がある子の利益を護るために、養子には普通養子と特別養子の制度があります。特別養子制度の目的は、虐待や貧困が原因で、適切な養育が受けられない子の救済です。

普通養子は届出による縁組で成立するのに対し、特別養子は家庭裁判所の審判で成立します。特別養子は、普通養子と違い、実親との関係を完全に断ち切ります。実親との関係をなくし、原則として養子縁組の離縁を認めないことにより、新しい親子関係を安定させ、保護を必要とする子の救済を目的としています。これは、特別の事情がある場合の特別養子ですから、普通養子のように実親との関係が残っていると、かえって子の健全な養育に支障をきたすと考えられるからです。普通養子の「家のため」「親のため」の養子ではなく、特別養子は「子のため」の養子です。

特別養子制度は、特別の条件をクリアするときだけ成立する

特別養子は「子のため」の養子制度ですから、子の監護が著しく困難など特別の事情がある場合

で、子の利益のために特に必要と家庭裁判所で認められるときに限られます。そして年齢も15歳未満（原則6歳未満から引き上げ、2020年4月施行）、養親になる人に育てられていた場合は18歳までと制限があります。養親となる者の年齢は原則として25歳以上です。また、夫婦でなければ養親になることはできませんし、養子となる子が意思表示できない場合は、実親の同意が必要です。

戸籍面の続柄欄は実親関係と同じ

特別養子縁組は、養親となる者が家庭裁判所に審判を請求し、子の利益のために必要など、決められた要件をクリアすれば成立します。審判が確定すると区役所等の戸籍住民課へ届出をし、実親の戸籍から特別養子となる者を除いて、養子の新戸籍が作られ、その戸籍から養親の戸籍に入ります。普通養子の場合と違い、ワンクッションおくことで、第三者からの不当な干渉をさけることができます。

戸籍の続柄欄は普通養子の場合のように、「養父」「養母」ではなく、「父」「母」となります。また「養子」ではなく、「長男」あるいは「長女」というように実親関係と同じようにします。

特別養子は実親の相続や扶養義務はない

普通養子には、実親の相続権も扶養義務もありますが、特別養子は、実親との親子関係をなくすので相続権もなくなり、また、将来実親が現れても扶養義務はありません。ただし、連れ子を特別養子とした場合は除きます。

特別養子となる者の年齢引き上げは、特別養子制度の利用促進のためです。どうしても子どもがほしいと願う夫婦にとっても、また子にとっても幸せになれる制度だと思います。

3-7

舅（しゅうと）や姑（しゅうとめ）の面倒はみなければいけない？

扶養を受ける相手によって扶養義務の中身は異なる

扶養義務の範囲は、民法で決められている

親子などの親族間には、扶養義務があるとし、次のように民法で決められています。

①直系の血族および兄弟姉妹はお互いに扶養する義務がある。

この直系血族には、親と子、祖父母と孫のような自然血族のほか、養親と子のような法定血族も含まれます。

②家庭裁判所は、特別の事情があると認めたときは、直系血族や兄弟姉妹のほか、三親等内の血族や姻族に対して、扶養の義務を負わせることができる。

扶養義務には「生活保持義務」と「生活援助義務」がある

ひと口に「扶養義務」といっても、相手によってその中身は違います。

親と未成熟子（成人年齢に関係なく経済的にまだ自立が期待できない子ども）の場合は「生活保持義務」といって、自分の生活と同程度の扶養をする必要があります。親と未成熟子以外の場合は、「生活援助義務」といって、生活を援助する程度の扶養義務でよいと考えられています。

このような考え方から、兄弟姉妹の間では、扶養を受けたい者が、自分の財産や労働では生活できない状態で、また扶養する者が扶養できる余力をもっている場合に発生します。しかし、扶養する者自身の地位や身分に相応する生活程度を引き下げてまで、扶養する法律上の義務はないといった判例も出されています。つまり、兄弟姉妹の扶養は「できる範囲でする」ということです。

海外でも、兄弟姉妹に扶養義務を負わせている国は、スイス、イタリアなどと数は少なく、スイスでも、生活に余裕がある場合などに限られています。

嫁は義父母を扶養する義務がある

配偶者の両親については実子がいないなど「特別の事情があるとき」に限られています。

明治民法では、親族間に広く扶養義務がありました。この伝統的なしきたりや道徳上から、「特別の事情があるとき」と限定しながらも、現行の民法に、いわゆる嫁・婿と舅・姑などの扶養義務が引き継がれました。つまり、逆に義父母が嫁を扶養する義務もあるのです。

この「特別の事情があるとき」は、ケースバイケースで裁判所がどう判断するかによります。

国は国民の生活を保障する義務がある

憲法では、国民が文化的で最低限度の生活をしていくことができるよう保障する義務が国にあることを定めています。一方で、民法上の扶養義務は、絶対的なものではなくなっています。国が本来的に国民に対して負う憲法上の義務を、家族（親族）に肩代わりさせたものともいえます。

民法の扶養義務規定は、近親者の扶養を強制するためではなく、無限に広がる可能性のある私的扶養責任の範囲を、三親等内の血族や姻族に限定している、といえます。

3-8 扶養義務は家族だけが負う？

生活保護法はあるが、家族の扶養が優先する

国は国民の生活を保障する義務がある

憲法25条では、①「すべて国民は、健康で文化的な最低限度の生活を営む権利を有する」、②「国は、すべての生活部面について、社会福祉、社会保障および公衆衛生の向上および増進に努めなければならない」と規定しています。この憲法を受け、多くの社会保障制度が作られています。

家族の扶養義務は生活保護法に優先する

公的扶助として生活保護法がありますが、民法上の扶養義務者の扶養が、生活保護法に優先します。つまり、扶養する親族がいるなら、その親族に扶養の義務があり、生活保護は受けられません。

また、生活保護が必要かどうかは、世帯を単位として決められます。貧困者は親族で助け合うという、明治民法の戸主に一族の扶養義務があったことが現在も残されています。

「最低限度の生活」という判断基準もむずかしいところです。生活保護法は、生活に困っている人に対する補助を目的としているので、最低限度の生活をしていくために、本人の資産や能力など、あらゆるものを活用することを義務づけています。

生活保護法は、扶養親族がいても「窮迫した事由がある場合に、必要な保護を行うことを妨げるものではない」と非常に消極的に規定し、民法上の親族扶養を補足するものとしています。

なお、実兄から仕送りを受けるようになったことで、生活保護が認められずに訴訟を起こしたケースで、最高裁は、生活保護を受ける権利は憲法25条1項の具体化であるという判断を示し（1967年）、最終的には生活保護を認めることになりました。この訴訟は当時大きな社会的関心を呼び、その後の日本の社会保障制度のあり方にも大きな影響を与えたといわれています。

国民年金より生活保護給付金のほうが多い？

生活保護を受ける権利があるといっても、一律に支給されるわけではありません。世帯状況や家族構成、居住地、必要な支援内容などによって異なります。基準が詳細に決められており、種々の条件によって金額を加算すると国民年金の満額（月額約6万5000円、平均は約5万5000円）より多くなります。生活保護受給者が本当に年金保険料を払えない状況であったのかどうか。厳しい状況でも保険料を払い続け、年金を受給している人との公平性が問題になります。この点からも、国庫負担の最低保障年金の給付が望まれます。

現在の社会保障制度と今後のあり方

公的扶助として生活保護、社会福祉として身体障害者福祉、老人福祉、児童福祉などの社会福祉、各種健康保険、年金保険などがあります。少子化に加え人生100歳時代を迎えた日本では、今後の社会保障制度をどう維持していくのかが問われています。また、公的扶助だけではなく、自助努力も必要です。高負担・高福祉を求めるのか、中負担・中福祉を求めるのか、国民の選択です。

3-9 「成年後見制度」とは？

法定後見制度と任意後見制度がある

本人の不十分な判断能力を補う制度

判断能力が不十分で、契約を結ぶときに意思決定が困難な人（たとえば認知症、知的障害、精神障害）など、その人の権利を護る制度が「成年後見制度」です。「補助人」や「保佐人」と呼ばれる人を家庭裁判所が選任して、その人に財産の管理や処分の同意権などを与えます。また、成年後見人を選任して、代理権や取消権を与えます。成年後見制度は、高齢社会への対応や障害者福祉の充実のため、自己決定権を尊重し、残存能力をできるだけ活用させ、障害者も、普通の生活を目指すノーマライゼイションの理念のもとに、状況に応じて利用されるようにしています。

法定後見制度は補助、保佐、後見の3つの類型がある

本人の状況に応じて、次の3つの類型のいずれかを家庭裁判所が決定します。

①「補助」…軽度の精神上の障害により判断能力が不十分な人を対象にします。補助人には、特定の法律行為の代理権や同意権、取消権（本人のしたことが誤っていたら取り消せる）を与えます。何が特定の法律行為になるかは、預金の管理や不動産の処分、介護契約など、判断能力が不十分

な人の中立ての範囲内で家庭裁判所が決めます。

②「保佐」…精神上の障害により判断能力が著しく不十分な人を対象にします。保佐人には、重要な法律行為の同意権と取消権、特定の法律行為について代理権を与えます。

③「後見」…精神上の障害により判断能力を欠く常況にある人を対象にします。成年後見人には、財産管理権と広範な代理権を与えます。

行為を取り消すことができる

本人に不利と認められる場合、たとえば悪徳商法の被害に遭ったときなど、本人または成年後見人がその行為を取り消すことができます。ただし、自己決定の尊重から「日用品の購入その他日常生活に関する行為」は除かれます。

家庭裁判所は、どのような保護・支援が必要かなどの事情に応じて補助人、保佐人、成年後見人を選任します。また、補助人、保佐人、成年後見人を監督する人を選任することができます。

成年後見人等には親族後見人と第三者後見人があり、第三者後見人には、法人後見人、専門職後見人、市民後見人があります。

任意後見は自己決定を尊重する制度

任意後見は、契約締結に必要な判断能力がある間に、財産管理や介護をどうするかなど後見事務の内容と、後見をする人を契約（公正証書にして登記する）によって決めておく制度です。

任意後見制度には支援する人として、任意後見人がいます。自己決定尊重の理念から、任意後見制度が中心となり、法定後見制度がそれを補完する機能であることが望まれます。

3-10

「世帯主」ってどういう意味？

世帯主は、「その世帯を主宰する者」のこと

住民基本台帳の「世帯」と「世帯主」

世帯主は、住民基本台帳に「その世帯を主宰する者」と決められていて、かつての世帯の長、あるいは家族の代表者という意味を持っています。住民基本台帳について、「世帯とは、居住と生計をともにする社会生活上の単位」で、「世帯を構成する者のうちで、その世帯を主宰する者が世帯主である。単身世帯にあっては、その単身者が世帯主となる」とあります。「その世帯を主宰する者」とは、「主として世帯の生計を維持するものであって、その世帯を代表する者として社会通念上妥当と認められる者」と決められています。

住民基本台帳の記載事項には、世帯主についてはその旨を、世帯主でない者については世帯主の氏名と世帯主との続柄が記載されます。世帯主は、住民基本台帳の個人票、世帯票を作成するのに必要とされている事項です。災害があったときなども、住民の安否確認に役立ちます。

住民票は個人単位で作られる

かつて住民票は、世帯を単位として作られていましたが、現在の住民基本台帳法では、個人を単位とする住民票（個人票）を世帯ごとに作るとされています。ただし、住民票の全部または一部は世帯単位とすることもできます。つまり、個人の住民票を請求すれば、個人票がもらえますが、世帯主は記載されています。この場合、マイナンバーの記載をするかしないかは用途により選択できます。

嫡出子、非嫡出子の続柄標記が「子」に統一された

住民票上、世帯主と子との関係について、1995年3月から、父母が法律上の婚姻関係にあるかないか、認知されているかどうかなどにかかわりなく、すべて「子」に統一されました。それまでの出生等による「長男」「養子」「子」などの区別をなくしました。これは子どもの人権尊重の趣旨によるものです。

妻（自営業者）の保険料も請求先は世帯主

世帯主については、こんなおかしな実態があります。

たとえば、夫は会社員（世帯主）、妻が自営業者の場合、国民健康保険料（税）は妻の所得によって決定されますが、保険料の請求先は世帯主とされ、夫に支払義務があります。妻だけの国民健康保険証で、夫は保険の使用者ではないのに、その表紙には世帯主として夫の名前が書かれ、夫に国民健康保険税の支払義務があるのです。

これは、所得税は個人単位課税が原則なのですが、国民健康保険税はこれまで妻は専業主婦を前提としていたことから、世帯課税のままなのです。

3-11 体外受精などの生殖補助医療によって生まれた子の親子関係は？

子の福祉・権利の保護が優先される

生殖補助医療と母子関係、父子関係

母子関係は懐胎し出産した事実により決められています。すなわち、自ら妊娠し、産んだ者が母親となります。現在の判例によれば、その女性が卵子を提供していても、その子を懐胎し出産していない場合は、親子関係の成立を認めることはできないとされています（２００７年）。

父子関係については、妊娠、出産のような外形的、客観的な事実関係がないことから、民法では推定規定（嫡出推定）によって解決しています。すなわち、妻が婚姻期間中に懐胎した子は夫の子であると推定し、また、婚姻成立の日から２００日を経過した後に生まれた子や、婚姻解消の日から３００日以内に生まれた子は、婚姻期間中に懐胎したと推定しています。

かつて、父子関係は夫の承諾にかかっていた

凍結保存された男性の精子を用いて、男性の死後に行われた人工生殖により女性が出産した子について、最高裁は男性との間の法律上の親子関係は認められないことを前提として、死後認知を求めることはできないとしました。そして、この問題は生まれてくる子の福祉、親族関係の意識等、

多角的な観点から検討を行った結果、立法的に解決されるべきであるとしました（２００６年）。このケースのように、夫の承諾が得られていない場合に備えて法律を作っておくべきでしょう。

かつて、夫の精子使用に承諾を得ていない場合は、嫡出子否認の訴えを認めるべきであるとする判決が出されていました（１９９８年）。夫は嫡出子と認めなくてもよいということです。

近時、夫の承諾がない場合も親子関係の存在を認めた

２０１７年の家庭裁判所の判断で、別居状態にある日本人女性と外国人男性の夫婦が、凍結保存されていた受精卵を夫の承諾なしに妻が使用し、これによって生まれた子については、民法の嫡出推定の及ぶ嫡出子であり、夫と子の間に親子関係が存在しないと主張することは許されないとしています。この判例では、生まれてくる子の福祉、権利保護が優先されたのだと思います。

現在は医学の進歩により、ＤＮＡ型親子鑑定により判断されるよう法律を改正すべきです。

生殖補助医療と民法改正

２０２０年年末に、第三者から精子や卵子の提供を受けることによって生まれた子どもの親子関係を、民法で特例的に定める法律「生殖補助医療法」が成立しました（⬇４－６）。生まれてくる子どもの権利（法的地位）の確立を目指します。

3-12 子どもを扶養すると税金は？

子どもは扶養控除の対象となり、所得の多いほうから控除する

子どもが生まれると扶養控除の対象になる

子どもを養うには費用がかかり、それだけ税金の負担が重くなります。そこで税金の計算上、扶養控除として所得から一定額を差し引くことができます。扶養控除は、自分の子のほか、いわゆる里子も対象となります。ただし、被扶養者本人の年間の所得が48万円以下で、生計を一緒にしている親族に限られます。また、年齢により控除額が異なります（２０２０年4月現在）。

①一般の扶養親族（16歳以上）の控除額は38万円です。
②16歳未満の子（年少扶養親族）は児童手当が支給されますので、扶養控除はありません。
③19歳以上23歳未満の子（特定扶養親族）は、教育費がかさむことから控除額が増額され、63万円です。

扶養控除は所得の多いほうが受ける

子どもを扶養控除の対象にするには、会社員の場合、「扶養親族の申告書」を勤務先に提出します。夫婦で扶養していても、扶養控除を受けるのはどちらか一方に限られます。

この場合、所得が高ければ税率も高くなりますから、控除額38万円は、概算でいうと、所得税の税率が10％の人なら3万８０００円、20％の人なら7万６０００円と、控除される税額は変わります。

海外は、所得控除ではなく税額控除や児童手当が主流

所得控除に対して、一定の税額を控除する税額控除は、対象となる子どもにとって公平といえます。また、児童手当も原則として同額なので、公平です。

海外でみると、デンマークは児童手当のみです。児童手当が基本で、税額控除または所得控除は特別な場合という国には、イギリス、オランダ、スウェーデン、オーストラリアなどがあります。税額控除はカナダ、イタリアなどで、アメリカは低所得者の場合のみです。なお、アメリカは、基本は扶養控除です。ドイツは扶養控除と児童手当との選択制になりました。

また、共働きが多くなっている今日、扶養控除は両方で受けられないかという声があります。イタリアでは、第一子、第二子となるにつれて税額控除額が多くなり、原則として両親に平等に割り当てられています（控除額は定額ですから、２人なら半分ずつということになります）。また一方のみが扶養している場合には、全額の控除額が受けられます。

これからの扶養は児童手当で

子どもに対して平等という観点から考えると、税制上の所得控除ではなく、社会保障として児童手当などの支給が望ましいと思います。現在16歳未満の子は、扶養控除ではなく、児童手当が支給されています。また、２０２０年4月より、大学の授業料無償化も実施されています（住民税非課税世帯）。日本でもようやく「控除から手当てに」という考え方が実現されました。

3-13

親や障害者の面倒をみると税金は？

扶養控除の対象となり、状況によって控除額が異なる

親を扶養すると扶養控除の対象になる

自分や配偶者の親を扶養すると、その分の担税力が低くなるので、扶養控除の対象となります。ただし、控除が受けられるのは、扶養者1人です。たとえば兄弟で同居して、みんなで面倒をみていても、控除を受けるのは1人なので、だれが控除を受けるかは、相談して決めます。ちなみに所得の多い人のほうが減税額は多くなります。

控除額は年齢や同居、非同居で異なる

扶養控除の対象となる人の所得は、年間48万円以下でなければ受けられません。年金を受け取っている親であれば、「公的年金等控除額」を控除した後の金額が48万円以下の場合に限られます。70歳未満の親は、一般の扶養親族となり、控除額は38万円。70歳以上の親なら、老人扶養親族となり48万円、同居していれば58万円と高く設定されています。

控除額は障害者や特別障害者でも異なる

納税者本人や、配偶者、親や子などの扶養親族が障害者の場合には、障害者控除を受けることが

できます。障害者控除は、障害の程度によって控除額が異なります。

障害者とは、心神喪失の常況にある人や、失明者その他の精神または身体に障害があり、一定の条件に該当する人で、障害者手帳を持っている人です（一般の障害者は控除額27万円）。また、障害者のうち、精神または身体に重度の障害のある人で一定の条件に該当する人を特別障害者（控除額40万円・同居の場合は75万円）といい、寝たきり老人も該当します。

所得控除より社会保障で

扶養控除や障害者控除のように所得控除ですと、親の面倒をみる人の所得金額によって減税額が大きく異なります。

扶養だけでなく、家族介護を奨励し、教育費がかかる年齢も特定扶養親族として所得控除で適要させているのは、日本だけです。諸外国では、親を扶養するための税制上の控除などはなく、社会保障制度で対応しています。

扶養家族の有無に関係なく、所得に応じた税金を支払い、その税金で等しく手当て等の社会保障が受けられる制度のほうが、簡素な税制であるという面からもよいと思います。

●障害者控除（2020年4月現在）

区　分	控除額
障害者	27万円
特別障害者	40万円
同居特別障害者※	75万円

※特別障害者である同一生計配偶者または扶養親族で、納税者自身、配偶者、生計を一にする親族のいずれかとの同居を常としている人。

3-14 家族の給料は経費になる？

青色申告なら給与は経費になる

家族間の給料の支払いは原則としてできない

夫婦の間、親子の間といえども、事業上の労働に対して給料を支払うのは、本来当然のことです。しかし、家族間では恣意的にいくらでも給料を支払ったようにすることができ、その結果、事業所得を分割することになって、所得税額の計算にあたり、より低い税率が適用されることになります。また給料には給与所得控除（左表参照）もあることから、一家としてみた場合、税金を恣意的に安くすると考えられています。このことから原則として、家族間で給料を支払っても必要経費としては認められないことになっています。

しかし恣意的ではなく、もし家族が手伝わなければ、他人を雇って給料を支払わなければならないとすれば、他人と家族とを区別することはできないはずです。

税金の多い少ないではなく、自分の財産を形成することに意味があります。労働の対価としてきちんと給料を受け取るべきでしょう。

青色申告の場合は給料が支払える

青色申告は、日々の取引を帳簿に記帳し、それに基づいて税金の計算をし申告する制度です。税金の計算上、いろいろな特典が与えられていて、その1つに「青色専従者給与の支払い」があります。

個人事業の場合、「青色申告承認申請書」を提出し、事業に従事する家族従業員（生計を一にする配偶者その他の親族）を青色事業専従者として届け出れば、届出の範囲内の金額で給料を支払うことができます（必要経費となります）。

青色申告ではない申告、つまり白色申告の場合は、家族従業員に給料を支払っても、事業専従者控除として一定額が控除されるのみです。2020年現在、控除される最高額が配偶者の場合は86万円、配偶者以外は50万円です。

●給与所得の計算について

給与所得金額は、給与等の収入金額から給与所得控除額（必要経費に相当する部分）を差し引いて計算します。

給与所得金額＝給与等の収入金額－給与所得控除額

○給与所得控除額

給与等の収入金額	給与所得控除額
180万円以下	収入金額×40％－10万円 （55万円に満たない場合には55万円）
180万円超360万円以下	収入金額×30％＋8万円
360万円超660万円以下	収入金額×20％＋44万円
660万円超850万円以下	収入金額×10％＋110万円
850万円超	195万円（上限）

3-15 「生計を一にする」ってどういう場合？

同居していなくても、生活費を負担していれば同一生計となる

同居している場合だけではない

自分や、生計を一にする配偶者（同一生計配偶者）、その他の親族の医療費を支払った場合、所得金額の計算上、医療費控除として差し引くことができます。生計を一にしていなければ、医療費控除の対象とはなりません。

では、「生計を一にする」とは、どのような場合をいうのでしょうか。必ずしも同じ家屋で生活をしていることをいうのではありません。たとえば、転勤している夫の給料で、妻が生活をしているなら、同居していなくても、「生計を一にする」に該当します。

また、勤務や修学などのため日常の生活は別でも、休日などの余暇には一緒に過ごし、日常的に、生活費や学資、療養費などの送金をしているというような場合には、「生計を一にする」として扱われています。逆に、親子で同居していても、経済的にはお互いに独立した生活をしている、すなわち、お財布が別、という場合は除かれます。

ほかにどんな場合に使われる？

「生計を一にする」という言葉は、次の所得控除の対象となる要件にも使われています。

①雑損控除、社会保険料控除、損害保険料控除の対象となる要件
②配偶者控除・配偶者特別控除の対象となる控除対象配偶者、扶養親族になるための要件
③ひとり親控除の対象となるための要件

個人事業主にも影響がある

所得控除以外にも「生計を一にする」かどうかで大きな問題があります。個人で事業をしている人が「生計を一にする配偶者その他の親族」に、給料（青色申告の場合は除かれる）や家賃などを支払っても、必要経費として収入から差し引くことはできません。

たとえば息子が別居しているが親の事業を手伝っている場合に、親元で食事をしているのに、その食事代を支払っていないようなときは、「生計を一にする」親族に該当し家族とみなされ、給料の支払いは必要経費として認められません（⬇3-14）。

給料の支払いにあたり「生計を一にする」かしないかの事実認定をめぐっては、多くの訴訟で争われています。所得控除の場合は、なるべく控除が受けられるように「生計を一にする」という実態を納税者の有利になるよう広く解釈すると、個人事業主にとっては必要経費として認められない範囲が広くなり、とても不利になっています。事業に関していえば、そもそも「生計を一にする」かしないにかかわらず、家族でも正当な労働の対価・金額は支払い、必要経費として認められるべきものなのです。アメリカでは、未成年の子でも事業を手伝えばキチッと給料を支払うそうです。

3-16

現金でも贈与すると税金がかかる？

贈与税の基礎控除110万円までは税金がかからない

贈与はお互いに意思表示をすることで成立する

贈与とは、財産などを無償で相手に渡すことです。贈与は、財産を渡す人（贈与者）が、「渡します」と意思表示をして、受け取る人（受贈者）が「受け取ります」と意思表示をすることで成立します。なお、贈与者が生きている間に贈与することから、「生前贈与」ともいわれます。

ちなみに、相続では、亡くなった人（被相続人）の財産は、自動的に受け取る人（相続人）に移動するので、被相続人の意思表示がなくても、相続は成立します。

贈与税は暦年課税となっている

贈与税は、財産を受け取った人（受贈者）にかかる税金です。その年の1月1日から12月31日の1年間に贈与された現金や不動産などの金額の合計額に対して課税されます。これを「暦年課税」といいます。贈与されたものの合計額ですので、もし複数の人から贈与されていれば、すべてを合算します。ただし、1年間で110万円までは、基礎控除として差し引くことができます。

贈与を受けた財産の合計額 ー 110万円（基礎控除額）＝ 課税価格（課税される財産の価格）

●贈与税の速算表

・特例贈与財産用（20歳以上の子・孫などが受ける贈与の場合）

基礎控除後の課税価格	税率	控除額
200万円以下	10%	—
400万円以下	15%	10万円
600万円以下	20%	30万円
1,000万円以下	30%	90万円
1,500万円以下	40%	190万円
3,000万円以下	45%	265万円
4,500万円以下	50%	415万円
4,500万円超	55%	640万円

・一般贈与財産用（特例贈与財産用に該当しない場合）

基礎控除後の課税価格	税率	控除額
200万円以下	10%	—
300万円以下	15%	10万円
400万円以下	20%	25万円
600万円以下	30%	65万円
1,000万円以下	40%	125万円
1,500万円以下	45%	175万円
3,000万円以下	50%	250万円
3,000万円超	55%	400万円

参照：国税庁「タックスアンサー」

この課税価格に対して、上の速算表によって贈与税額を計算します。

暦年贈与で注意すべき点

贈与額が1年間に110万円を超えなければ、贈与税はかかりませんし、贈与税の申告をする必要もありません。この暦年贈与を利用して、基礎控除以内の金額を毎年贈与していると、「相続対策ではないか」と、税務署から贈与を否定されることもありえます。

そのため、あえて毎年、111000円の贈与を受けて、1000円に対する税金100円を申告・納税しておけば、10年経てば1100万円の贈与を無税で受けることができます。

ただし、受贈者の通帳に振り込んでも、この通帳を贈与者が管理していてはダメです。受贈者は自分で管理して有効に使いましょう。

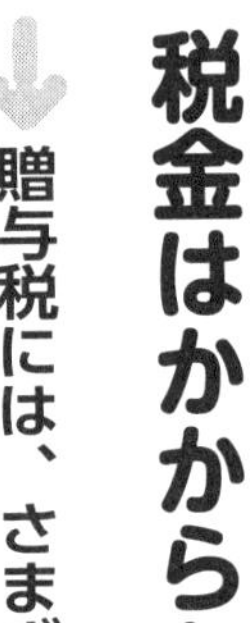

子どもに住宅資金の援助をしても税金はかからない？

贈与税には、さまざまな特例がある（住宅・教育・結婚・子育て資金）

特例が設けられている背景

贈与税には、年間110万円の基礎控除のほかに、①住宅、②教育、③結婚・子育てに関して、各種の非課税制度の特例が設けられていて、控除額が加算されます。

①住宅取得等資金贈与は、政策的に住宅需要を促すことにより、若い世代の持家を促進するとともに、広く経済的な波及効果が生じ、内需の拡大にもつながることになります。

②教育資金の一括贈与は、祖父母の蓄積された資金を相続まで待つことなしに、早期に孫に贈与することで、子育て支援となり、また社会的にも経済の活性化につながることになります。

③結婚・子育て資金の贈与も、制度の趣旨は②と同様ですが、祖父母のみならず、父母も贈与できます。

具体的には、これからそれぞれ説明しますが、本書ではあくまでも概要のみで、必要な条件のうち、主なものを紹介しています。各制度には、細かい条件があり、その1つでも欠けると控除が受けられません。実際に諸控除を受ける際には、たとえば住宅については、メーカーや税務署に、教育資金の場合は、取扱い金融機関に相談してください。

また、これらの特別の規定は、期限付きとなっています。期限が到来した時点の社会経済状況等から、期限が延長されるかどうか判断されます。したがって、適用期限については、常に注意して確認しておく必要があります。また、内容についても改正が多いので、十分お気をつけください。

その①　住宅取得等資金贈与の非課税制度（2021年12月31日まで）…20歳以上の子・孫が住宅取得等資金の贈与を受けた場合の特別控除

これは、20歳以上の子や孫が、自分が住むための住宅の取得資金を、父母や祖父母から贈与を受けた場合に一定額が非課税となる特例です。

非課税限度額は、住宅取得等の契約締結日や、良質な住宅用家屋（省エネルギー性、耐震性、バリアフリーを備えた住宅）かどうかで異なります。非課税限度額は300万円から3000万円の金額です。さらに、この金額には、毎年控除できる基礎控除額110万円、または相続時精算課税（⬇3-18）の特別控除額2500万円を上乗せすることができます。

この特例を受けるには、受贈者はその年の合計所得金額＊が2000万円以下であることなど、一定の要件があります。

なお、この特例で注意したい点は、あくまでの住宅の新築・購入・リフォームのための「資金」の場合であって、土地、住宅以外の建物を贈与する場合には適用されません。

● 20歳以上の子や孫が住宅取得等資金の贈与を受けた場合の非課税限度額

①下記②以外の場合

住宅用家屋の新築等に係る契約の締結日	省エネ等住宅	左記以外の住宅
～平成27年12月31日	1,500万円	1,000万円
平成28年1月1日～令和2年3月31日	1,200万円	700万円
令和2年4月1日～令和3年3月31日	1,000万円	500万円
令和3年4月1日～令和3年12月31日	800万円	300万円

②住宅用の家屋の新築等に係る対価等の額に含まれる消費税等の税率が10%である場合

住宅用家屋の新築等に係る契約の締結日	省エネ等住宅	左記以外の住宅
平成31年4月1日～令和2年3月31日	3,000万円	2,500万円
令和2年4月1日～令和3年3月31日	1,500万円	1,000万円
令和3年4月1日～令和3年12月31日	1,200万円	700万円

参照：国税庁「タックスアンサー」

その② 教育資金の一括贈与（期限2021年3月31日まで）…祖父母などから孫への教育資金の贈与の非課税制度

祖父母などから、孫（30歳未満）が教育費用として、金融機関等の一定の契約に基づいて一括して贈与を受けた場合に、1500万円まで贈与税が非課税になる制度です。

ただし、2019年以後の贈与に限られ、またこの時に、贈与を受ける人の前年分の合計所得金額が1000万円を超えないこと、などの要件があります。

また、教育資金の範囲については見直しが行われ、①学校等に対して支払われる費用、②学校等に関連する費用（留学渡航費用等）、③学校等以外の者に対して支払われる費用で、教育訓練給付金の支給対象となる教育訓練を受講するために支払われるものに限定されます。（資金範囲の見直しは、2019年7月1日以後支払われる教育資金について適用されます。）

なお、贈与者が死亡した場合、その贈与者の死亡前3年以内に行われた贈与については、贈与を受ける者が23歳以上になっているなど一定の場合は、相続財産に加算します。

その③ 結婚・子育て資金の一括贈与（期限2021年3月31日まで）…親・祖父母から子孫への贈与の場合の非課税

親・祖父母（贈与者）が、子・孫（受贈者は20〜50歳まで）に、結婚・子育て資金を一括贈与した場合、1000万円まで贈与税の非課税制度があります。

このとき、金融機関（銀行や証券会社等）に受贈者名義の口座等を開設し、結婚・子育て資金を一括して預け入れます。ただし、子・孫は贈与時の前年分の合計所得金額が1000万円を超えないこと、などの要件があります。また、贈与した親・祖父母が死亡した場合は、その時点での残高を相続財産に加算します。

贈与される資金は、結婚資金の場合は挙式費用、新居の住居費、引越費用など、出産・育児の場合は不妊治療費、出産費用、産後ケア費用、子の医療費、子の保育費などに限られ、金融機関が領収書等で出金内容をチェックします。

結婚・子育て資金口座にかかる契約は、受贈者が50歳に到達した時点で終了し、使い残しがあれば、その分は贈与税がかかります。

＊合計所得金額…次の①と②の合計額に、退職所得金額、山林所得金額を加算した金額。
①事業所得、不動産所得、給与所得、総合課税の利子所得・配当所得・短期譲渡所得および雑所得の合計額
②総合課税の長期譲渡所得と一時所得の合計額（損益通算後の金額）の2分の1の金額＋短期・長期譲渡所得（特別控除前）

3-18

「相続時精算課税制度」とはどういう制度？

相続前に贈与を早く受けておきたいときに活用できる制度

贈与税と相続税の関係

相続時に税金がかからないように生前に財産を贈与しておけば、と思うでしょう。そこで税金が回避されないように一定額以上の贈与には税金がかけられています、これが、贈与税が相続税の補完税といわれるゆえんです。

相続前（生前）に財産の贈与を受ける

とはいえ、高齢社会にあって、相続となったときには、相続人も高齢になっていて、せっかく受け継いだ財産も有効に活用できないということが起きています。そこで、相続で受けられる財産があるなら、生前に早く受け取って有効活用したほうが、相続人のためにも社会の活性化のためにも望ましいということから導入された制度が「相続時精算課税制度」です。

相続時精算課税制度とは、相続前に財産の贈与を受けて贈与税を支払っておき、その贈与者が亡くなったときに、贈与を受けた財産と相続財産を合計して相続税を計算し、支払った贈与税は差し引いて清算します。いわば、相続税の前払いという意味があります。

「相続時精算課税制度」を活用すると

この制度を選択すると、2500万円の特別控除があります。2500万円の範囲であれば、何年かに分割して贈与を受けることも可能です。ただし、2500万円を超えたら、超えた部分は税率20%で課税されます。その贈与税は相続時に相続税額から差し引かれ、相続税額が少ない場合は差額が還付されます。

この制度では、たとえば、預貯金で贈与を受けても、その使い道は特に定められていません。また、教育資金のように一括して受け取る必要もありません。

なお、この制度を選択すると、同じ贈与者からの贈与に、110万円の基礎控除は使えません。また、選択制ですから、たとえば母からの贈与について選択するが、父からの贈与には選択しないということもできます。ただし、一度選択したら取り消すことはできません。

この制度を受けるには適用要件がある

この制度は、60歳以上の父母や祖父母から、20歳以上の子や孫への贈与に限られます。なお、年齢は贈与時の1月1日で判定します。

この制度を選択するには、「相続時精算課税選択届出書」を、贈与税の申告期限までに提出しなければなりません。

コラム3

夫婦別姓を考える

私たちが、社会生活をしていくうえで姓を名乗るようになったのは、いつ頃からのことであろうか。

古くは、戦国時代には士農工商という階級があり、士・氏族には豊臣家（豊臣秀吉 1537 生まれ）、徳川家（徳川家康 1543 年生まれ）などがある。歴史のある名家や大地主には苗字が付けられていた。

1871 年の「姓尸不称令」により、古代から続いていた氏と姓は廃止されて「苗字」に集約されることになった。その後、登録済みの苗字の変更が禁止され、また庶民も苗字の使用が義務づけられて現在の「苗字」と「名前」に集約された。

第二次世界大戦が終わり、GHQ の占領政策により、家父長制の元となっていた「家」を単位とする戸籍制度が見直され、「夫婦・親子」の家族単位で戸籍が編製されることになった。

婚姻をすると新しい戸籍が作られるが、同姓が義務づけられている。どちらの姓にしてもよいが、戸籍上夫の姓にしているケースがほとんど。

近年、女性の社会進出により、多くの職場では結婚しても結婚前の姓、すなわち旧姓使用が認められるようになった。世論調査（内閣府、2017 年）でも、結婚により姓を変更することに、年齢階層でも異なるが、「何らかの不便を生ずることがあると思う」と答えた人の割合は半数をやや下回る。これに対して「何らの不便も生じないと思う」と答えた人の割合は半数を超えている。

法制審議会は、1996 年に女性団体等の要望に答えて改正法案（選択的夫婦別姓など）を答申したが、半世紀近く経ったいまでも、国会で審議の対象となっていない。

夫婦が別の姓になれば、子どもへの影響や家族の一体感が弱まるのではないかという懸念を抱く人は多い。しかし、「選択的夫婦別姓」は、別姓としたい人が選択できるようにするものであり、強制ではない。にもかかわらず、2020 年末に閣議決定された「第 5 次男女共同参画基本計画」からは「選択的夫婦別姓」の文言が削除され、実質後退している。今後、時間をかけて慎重に討議すべきであろう。

第 4 章

相続をする

法律・税金

4-1 そもそも「相続する」ってどういうこと？

「相続」は、被相続人の権利と義務を受け継ぐこと

相続は死亡した人の意思と考える

人はだれでも、生きている間に自由に自分の財産を処分することができます。ということは、自分の死後の財産の行方についても、自由に決めることができ、その人の意思は遺言として残すことができます。

相続は、人が死亡したときに、その人に属していた一切の権利と義務を、相続人となる人が受け継ぐことです。相続の際に遺言があれば、それに従います。これを「遺言相続」といいます。

しかし、かつての日本は家制度のもとでの相続でしたから、現在でも、必ずしも遺言があるとは限りません。そのため、法律の決まりも必要です。この決まりは民法に規定されており、この民法の規定に従った法定相続分による相続を「法定相続」といいます。

相続には3つの役割がある

人は自由に財産を所有し、管理し、処分することができるという私有財産制のもとで、家族は共同生活をしています。このような社会を前提として、相続には次のような役割があります。

1つ目は、残された家族、共同生活を営んでいた家族の生活保障です。

2つ目は、取引の安全性の保障です。たとえば、亡くなった人の事業上の債権・債務を相続人が受け継いで、相続人の責任で処理すれば、取引の安全性は保障されます。

3つ目は、寄与分などの清算です。寄与とは、貢献するという意味で、たとえば亡くなった夫の事業上の財産が、妻や息子の協力によって作られたものである場合、妻や息子の寄与があったと考えます。そこで、相続する際には、その相続人が寄与した分は別途受け取ることができます。また、妻の場合は、それまでの内助の功に対して清算するという役割もあります。

相続は自由経済社会の取引の安全性という面からも必要

相続により、死亡した人の財産上の権利や義務を、一定の親族が受け継ぐことで、その権利や義務の安定、つまり取引の安全性が図られます。このような面から考えると、法定相続が基本となり、遺言相続は、将来争いとならないための利害関係の調整方法のひとつとして、その役割を果たしています。

遺言と遺産分割協議

イギリスは、遺言相続が原則です。日本でも、遺言の重要性が考えられており、遺言をしておく人が増えています。遺言があれば、それに基づいて遺産の分割が行われますが、相続人の協議によって、遺言とは異なる遺産分割をすることも可能です。

遺言書の作成や遺産分割の際には、遺言者の意思を尊重しつつ、相続の3つの役割を念頭において、争続とならないよう、遺産分割をすることが重要です。

相続法の改正について

２０１８年７月に相続法が改正されました。この改正により、配偶者に関する新たな権利が設けられたり、遺産分割前の被相続人の預貯金の取扱いなど、制度が大きく変わりました。

この改正は、１９８０年に、配偶者の法定相続分の引上げや、寄与分制度の創設がされて以来、約40年振りの大きな改正でした。

この改正の背景には、大きく次の2つの要因がありました。

1つは、２０１３年に、かねてから不平等であり、憲法に違反すると問題にされていた非嫡出子の相続分を、嫡出子の相続分と同じ2分の1とする、最高裁大法廷の決定が出されたことでした。これにより、嫡出子と非嫡出子の相続分を平等とする法改正がなされました。一方で、非嫡出子の数が多いほど、残された配偶者の取り分は減るため、残された配偶者の生活を護ろうとする意見が急速に高まりました。

もう1つは、高齢社会の進展等から家族のあり方が変化し、法律の手直しが必要となっていたことでした。

今回の主な改正事項は、次の項目です。なお、改正項目によって施行日が異なります（施行日は項目ごとに記載しています）。

改正相続法の主なポイント

①配偶者居住権の創設 ⬇4－3（配偶者短期居住権 ⬇4－4）
被相続人の配偶者が、自宅の所有権がなくても住み続けられる権利が創設された。

②配偶者への自宅の贈与は遺産分割の対象外に ⬇4－5
結婚20年以上の配偶者に贈与した自宅は、遺産分割の対象外となる。

③遺産分割前の遺産範囲の見直し ⬇4－20
遺産分割前に処分した財産も遺産とみなされる。

④遺産分割前の預貯金の払戻し制度 ⬇4－15
遺産分割前でも葬儀費や生活費のために預貯金が引き出せる。

⑤遺留分侵害額請求権の新設（「減殺」から「侵害」へ）⬇4－26
相続人の最低限の取り分（遺留分）を金銭で請求できる。

⑥自筆証書遺言の方式の緩和 ⬇4－18
財産目録は、自筆でなくても（パソコン等で作成しても）よい。

⑦被相続人の介護者の「特別寄与」制度の創設 ⬇4－10
無償で「療養看護」をした相続人以外の親族は、相続人に特別寄与料の請求ができる。

4-2 相続はだれがするのか？

民法で相続人や相続分が決められている

相続の関係者は「被相続人」と「相続人」

人が亡くなると相続が発生します。亡くなった人を「被相続人」といい、亡くなった人の財産を相続によって受け継ぐ人を「相続人」といいます。だれが相続人となるかは、民法で決められていて、これらの人を「法定相続人」といいます。法定相続人以外の人にも、「遺言」により財産を贈与することができ、これを遺贈といい、この場合も「相続人」といわれます。

相続人には範囲と順位（順序）がある

法定相続人は、血族相続人と配偶者相続人に大きく分けられます。

配偶者は、血族の相続人がいる・いないにかかわらず、常に（どんな場合でも）相続人となります。

血族の相続人には、順位（順序）が決められています。

- 第1順位…被相続人の子。男子、女子、長男、次男あるいは実子、養子に関係なく、子はすべて平等に相続人になります。胎児はすでに生まれたものとして扱われます。

なお、相続が始まる前に子が死亡していたら、その子、つまり孫が代わって相続人になります。

これを代襲相続人といいます。

- 第2順位…子がいない場合には、被相続人の直系尊属。つまり父母や祖父母
- 第3順位…子や父母・祖父母もいない場合は、被相続人の兄弟姉妹

相続が始まる前に、兄弟姉妹が死亡している場合は、兄弟姉妹の子、すなわち甥・姪が代わって相続人になります（代襲相続人）。

民法で決められている相続分を「法定相続分」という

相続分とは、相続財産全体に対する各相続人の持分のことです。民法で決められた相続分を「法定相続分」といいます。ただし、相続人の間で話合いがつけば、法定相続分にかかわらず、自由に相続分を決めることができます。

遺言による相続分を「指定相続分」という

被相続人は、「法定相続分」によらないで、遺言によって相続人の相続分を指定することができます。また、指定することを他の人に依頼することもできます。相続分をどのように指定するかは自由ですが、指定された相続人は他の相続人の遺留分（相続人が最低限相続できる財産の割合 ➡4-26）を侵害することはできません。

● 法定相続分

	配偶者がいる場合	配偶者がいない場合
子がいる場合	配偶者 1/2、子 1/2	子（全部）
子がいない場合	配偶者 2/3、親 1/3	親（全部）
子も親もいない場合	配偶者 3/4、兄弟姉妹 1/4	兄弟姉妹（全部）
血族がいない場合	配偶者（全部）	

※子・親・兄弟姉妹が複数いる場合は、均等とする。

4-3 配偶者居住権ってなに？

配偶者には自宅に住み続けられる権利がある

配偶者居住権はなぜ創設された？

居住用の不動産には、所有権と居住権（住む権利）があります。配偶者居住権とは、被相続人の「持ち家」に無償で住んでいた配偶者が、たとえその家を相続（所有）しなくても、亡くなるまでの間、それまでどおり「無償でそのまま住み続けられる権利」をいいます。相続法の改正により創設され、２０２０年４月１日より施行されています。

相続が発生すると、配偶者は常に相続人となりますが、財産を分割する際に、たとえば持ち家が第三者に遺贈されたような場合には、所有者であるその第三者が住むことを認めてくれなければ、配偶者は住み続けることができません。また、仮に配偶者が持ち家を相続し、住まいが確保できたとしても、不動産の評価額が配偶者の相続分の大半を占める場合、預貯金など他の遺産が相続できなくなります。これでは残された配偶者の生活にも不安が出てしまいます。

このような背景から、配偶者が住み慣れた自宅に、長期にわたり安心して住み続けられるよう、配偶者の保護を目的として創設されたのが、配偶者居住権です。配偶者居住権には、終身のものと配偶者短期居住権があります（⬇4－4）。

配偶者居住権は遺産分割と遺贈により取得する

配偶者居住権は、配偶者が被相続人の持ち家に、相続開始の時に居住していた場合で、遺産分割、または遺贈で取得できる権利です。

配偶者居住権は、この持ち家の全部について、無償で使用したり、収益する権利（人に貸して利益を得るなど）で、所有者の承諾を得れば第三者（他人）に使用させることができます。

なお、この権利はいずれも法律婚の配偶者に限られます。また、持ち家が配偶者以外の子などと共有になっている場合には認められません。

配偶者居住権の存続期間と登記等は？

配偶者居住権の存続期間は、配偶者の終身の間、つまり亡くなるまでです。ただし、遺産分割の協議や遺言書に決めてあるとき、家庭裁判所が審判で決めているときはそれに従います。

また、持ち家の所有者（つまり、相続した人）は、配偶者居住権を取得している配偶者に対して、配偶者居住権の登記をさせる義務を負います。これは、この持ち家を売却する場合などに、配偶者居住権の設定を知らない第三者（買主）が不利益を受けないようにするためです。

配偶者居住権のメリットとは

配偶者居住権は、遺産分割による配偶者の利益（特別受益）として扱われます。その分取得できる相続分は減りますが、利用するだけの権利であるため、実際に相続した場合（所有権）と比べて評価額は低くなり、その分、預貯金などの他の遺産を取得しやすいというメリットがあります。

4-4 配偶者短期居住権は、配偶者居住権とどう違う？

配偶者の短期的な居住権を保護するための権利

配偶者には短期の居住権が認められている

配偶者が持ち家を相続で取得しなかった場合や、配偶者居住権を取得しない場合に、すぐに転居先を見つけて移転するのは精神的・肉体的にも大変なことです。そこで被相続人が所有していた持ち家に、配偶者が相続開始時点で無償で住んでいた場合は、少なくとも相続開始から6か月間、それまでと同様に無償で住み続けることができます。これを「配偶者短期居住権」といいます。

この権利は、それまで無償で住んでいた権利を引き継いだだけなので、相続財産とはなりません。また「使用貸借」（対価を支払わずに使用しそのまま返すこと）に似た権利ともいわれ、財産的価値はありません。つまり、遺産分割の対象にもならないので、相続分が減るという心配がないわけです（その分、預貯金など他の財産を受け取れることになります）。

配偶者短期居住権の期間は？

配偶者短期居住権の期間は、共同相続人間で遺産分割をしなければならない場合で、次の①と②のいずれか遅い日までです。

①遺産分割により居住建物の帰属が確定した日（所有者が決まった日）、または②相続開始の時から6か月以内

したがって、遺産分割が早く決まったとしても、最低6か月間は居住していられます。

それまで使用していた部分に限定される

配偶者短期居住権は、それまで使用していた部分に限定されます。たとえば、2階建ての建物のうち2階部分のみを使用していた場合は、2階部分に限定されますので、1階は所有者が他人に賃貸することもできます。

配偶者短期居住権には、配偶者居住権のような収益権は認められません。この権利は、あくまで短期的な居住権を保護するためのものですから、収益権を認める必要はないからです。

万が一この持ち家が他人に譲渡された場合は、居住権が主張できなくなります。しかし、このような所有者の行為はこの制度の趣旨に反しますから、損害賠償の請求をすることができます。

配偶者にも義務等がある

配偶者はそれまでと同様に持ち家を使用できますので、この建物で店舗を経営していたような場合は、引き続き住居兼店舗として使用できます。一方、配偶者は、善良な管理者の注意をもって使用する義務があり、建物所有者の承諾がなければ第三者に使用させることはできません。ただし、親族や介護者が同居する場合の承諾は不要です。

なお、配偶者短期居住権は、配偶者居住権へのつなぎの役割を果たすものと位置づけられていますから、配偶者が配偶者居住権を取得すると、その時点で短期居住権ではなくなります。

4-5 配偶者の特別受益も相続分に含まれる？

配偶者から贈与された自宅は遺産分割の対象外となった

婚姻期間が20年以上の夫婦による自宅の贈与等であること

婚姻期間が長い夫婦にあっては、たとえ妻が専業主婦であっても、その間の夫の財産形成に対する貢献や協力は大きいものと考えられます。そこで、婚姻20年以上の夫婦の間で、贈与または遺贈された居住用不動産（建物またはその敷地）については、相続となったとき、遺産分割の対象にしなくてもよいことに改正されました。これを「持戻し免除」の制度といいます。

「持戻し」とは、相続人の中に、被相続人から遺贈や生前贈与などで特別な利益（特別受益といいます）を得ている場合は、相続人の間での公平を図るために、遺産分割の際に、その分を加えて相続分を計算することです。

改正前は、居住用不動産を贈与されていても、遺産分割において、その財産を特別受益として遺産に加算して計算する必要がありました。それにより、配偶者はその家の評価の分が相続分から差し引かれることになるため、他の遺産の取り分が少なくなるという問題がありました。

改正により、婚姻期間20年以上の配偶者間で居住用不動産について贈与を受けていても、この贈与は遺産分割の対象としなくてもよい（持戻ししなくてもよい）ことになりました。

対象となるのは居住用不動産であること

「持戻し免除」の対象とされるのは、配偶者の老後の保障という観点で特に重要なものであること等を考慮し、居住用不動産に限定されています。

前提として、居住用不動産を被相続人が遺贈または贈与（死因贈与を含む）をしておくことが必要です。

なお、改正の施行日は、2019年7月1日ですから、当然のことながら、この日より前にされた遺贈または贈与には適用されません。

配偶者の居住権を保護する

非嫡出子にも均等の相続分が認められたことにより、遺産分割に際して、配偶者が居宅から追い出されるということが危惧され、配偶者の相続分を3分の2に引き上げるなどの案が出されていました。しかし、反対が多く、その代案として採用されたのが「配偶者居住権」と、この「持戻し免除」の制度です。

夫婦で築いた居住用不動産であれば、この不動産は潜在的共有持ち分が顕在化されたものと考えられ、まずは残された配偶者の名義にして、その配偶者の生活を保障すべきでしょう。その配偶者が亡くなって次の相続では、自動的に子どものものとなるのですから…。

4-6 おなかの子も相続できる？

胎児も普通養子も相続人になれる

胎児は生まれたものとみなされる

子が相続人になるのは、相続の開始時点、つまり、親が亡くなった時です。相続では、この時に親に属する一切の権利と義務を子は引き継ぎますので、権利能力（権利や義務の主体となることができる資格で、出生により取得します）が必要です。

とはいえ、双子の１人が父親の死亡の直前に生まれ、もう１人が死亡直後に生まれたというような場合、この２人の間に差はつけられません。そこで、相続の場合、胎児はすでに生まれたものとみなし、相続人となります。ただし、死んで生まれた場合、この規定は適用されません。

体外受精児も相続できる

近年、体外受精などで生まれた子どもが増加しています。一般的には、受精卵を母体に着床させたときが生命の始まりと解されています。この場合、父親の死亡前に母体に受精卵が戻されていれば、体外受精児も相続人になります。

普通養子は養親と実親のどちらの財産も相続できる

子には、血族関係のある親子とない親子があり、後者が養子です。養子には普通養子と特別養子があります（➡3-6）。

普通養子は、養子縁組によって養親との間に親子関係が発生しますので、当然相続人になります。また、実の親との親子関係も切れていませんので、実の親が死亡した場合も相続人になります。

特別養子は、孤児や特殊な出生の事情などで、実親との法律上の親子関係を断ち切る養子制度です。特別養子になった時点で、実の親との親子関係がなくなりますので、実親が死亡しても相続人にはなれません。

親子関係を認める民法特例法が成立した

不妊治療で卵子提供などにより生まれた子の親子関係を定める民法特例法が、2020年12月に成立しました。これは、夫婦以外の第三者から提供された卵子や精子で出産した女性を「母親」と法律で認めるというものです。提供者ではなく出産した女性を「母」と規定し、第三者からの精子提供に同意した夫は、妻が産んだ子を嫡出否認できないと定めます。

この特例法は、精子や卵子の提供により生まれた子の法的な身分を確立させることが目的です。なお、国内では認められていない代理出産や、生まれてきた子の「出自を知る権利」については、今後検討し、必要な法的措置を講じるとされています。

生まれてくる子の福祉が守られるよう、十分な配慮が払われることが望まれます。

4-7

連れ子は相続できる？

再婚した夫と養子縁組をすれば相続人となる

子を連れて再婚した場合や、離婚して子がいる場合

母親が子どもを連れて再婚しても、その子どもは、義理の父親とは血縁関係はありませんので、その父親の相続のときには、相続人になることはできません。一方、母親が（子連れで）離婚していても、子どもと実の父親との間には血縁関係がありますので、実の父親が亡くなった場合、その子は相続人になります。

義理の母の相続人にはなれない（ケース①）

再婚した夫Aが亡くなったとき、相続人は後妻Bと先妻の子aで、2分の1ずつ相続します。

次に後妻Bが亡くなったとき、その財産がもともと夫A（子からして父）の財産だったとしても、先妻の子aは後妻Bと養子縁組をしていない限り、相続人にはなれません。

また、たとえ先妻の子aが、後妻B（義理の母）の面倒をみ

●ケース①

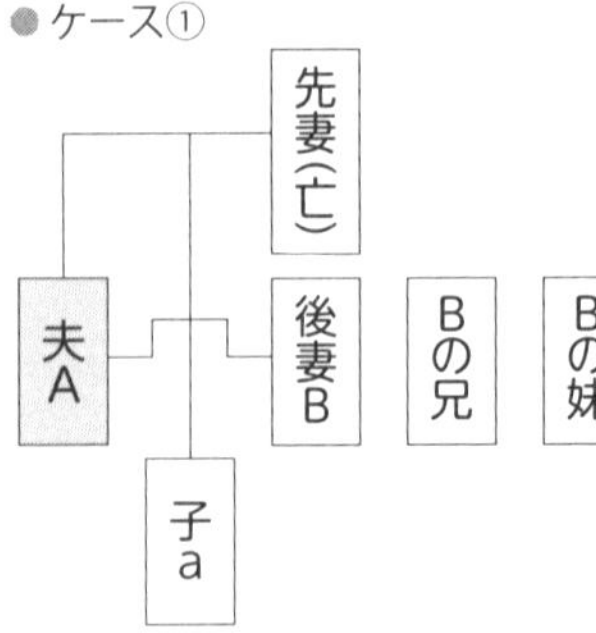

ていたとしても、血族関係がありませんので、後妻Bの相続人となることはできません。この場合、後妻Bに子がいればその子、いなければ後妻Bの兄弟、すなわち、子aからみて義理の伯父と叔母が相続人となります。

相続人になるには養子縁組をしておく

相続人になるのは、大きく分けて、①配偶者の関係と、②血族の関係です。②には、自然の関係（つまり実の親子や兄弟）と、法定の関係（つまり養親・養子）があります。

父親や母親の再婚で義理の親子関係ができた場合には、将来の相続のことを考えるなら、養子縁組をしておくことです。その代わり扶養義務も発生しますので、相続目当てだけというわけにはいきません。

連れ子が代襲相続人になれる場合（ケース②）

連れ子Xが養父（図では養父）と養子縁組をしてから、生まれたY2は、養父の孫になります。しかし、養子縁組をする前に生まれたY1は孫にはなりません。ですから、養父より養子Xが先に死亡した場合は、代襲相続人になるのは孫のY2だけです。

Y1にも相続させたいのなら、養父とY1とで養子縁組をするか、養父が遺言をしておきます。

● ケース②

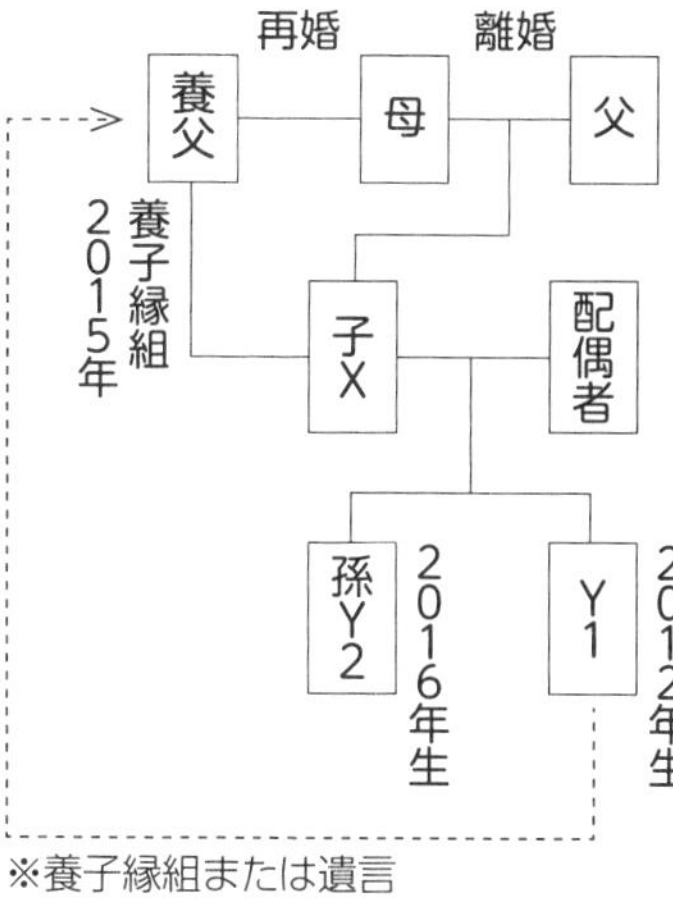

再婚
離婚
養父
母
父
養子縁組 2015年
子X
配偶者
孫Y2
2016年生
Y1
2012年生

※養子縁組または遺言

4-8 あとを継ぐ孫に相続させたいが…

相続人以外の者にも相続させることができる（遺贈）

自分の財産は遺言で処分できる

遺留分（相続人が最低限相続できる財産の割合）を侵害しない範囲であれば、遺言によって自分の財産の全部あるいは一部を処分することができます。これを遺贈といいます。通常、子がいれば孫は相続人となりませんが、遺贈として孫に財産を分けることができます。

遺贈には包括遺贈と特定遺贈があります。遺産の全部または何分の1といった割合で遺贈することを「包括遺贈」といい、○○の土地、△△の建物というように特定して遺贈することを「特定遺贈」といいます。

遺贈と死因贈与との違いは、契約があるかどうか

「自分が死んだら財産を贈与する」という契約を結ぶことを死因贈与といいます。契約ですから、受け取る人の承諾が必要です。これに対して遺贈は、遺言という一方的な行為で、受け取る人の承諾は不要です。

このように、遺贈と死因贈与の違いは、承諾を必要とするかどうかです。このこと以外はどちら

も贈与者の死亡によって贈与が発生し、死因贈与にも遺贈の規定が適用されますので、相続税の対象となります。

遺贈は胎児でも法人でも受けられる

遺贈が受けられるのは、相続人に限らず、また個人とも限りません。法人でも受けられます。遺言は遺言者が死亡した時に効力が発生します。その時に生まれていない胎児でも、相続の場合と同じように、権利能力も、すでに生まれたものとして取り扱われます。

相続人以外の人に遺贈や死因贈与された財産は、相続財産として相続税の対象となります。これは相続人との課税の公平を図るためです。

遺贈や死因贈与は相続税が2割加算される場合がある

相続や遺贈、死因贈与によって財産を取得した人で、相続人（配偶者や親・子）以外の、たとえば孫や第三者などには、相続税額にその2割が加算されます。これは、①孫、兄弟姉妹は、配偶者や親・子より遠い関係にあること、②遺贈や死因贈与は、偶然的な財産の取得であること、③相続税を1回免れることから、このように加算される制度となっています。

また、相続人が相続財産を取得する場合は、被相続人の財産を引き継ぐということで不動産取得税はかかりません。しかし、相続人以外の人が遺贈や死因贈与で財産を取得した場合には、新たな不動産の取得になりますので、不動産取得税がかかります。

4-9 家業や介護に特別の貢献があった場合は、どうなる？

相続のときに寄与分として考慮される

寄与分は遺産分割の実質的な公平を図る制度

相続人が何人かいる場合（共同相続人）、その中に家業に従事したり、被相続人の療養看護をするなど、遺産の維持管理や増加に特別に寄与（貢献など）した人には、その寄与が認められる「寄与分制度」があります。

たとえば、長男が父と共に農業に従事して、父の財産形成に貢献しているのに、次男や三男は家を出て、まったく貢献していない状況で相続になった場合、均等に財産を分割するのは、不公平な結果となります。これは、被相続人の療養看護をした場合も同様です（➡4-10）。

そこで、遺産を分割するときに相続人の間で実質的な公平を図るのが、寄与分制度の趣旨です。

均等に相続すると家業が継続できなくなる

かつては長男がすべて相続していましたが、現在の民法では、子は共同で均等に相続することになるため、店や田・畑が唯一の財産である場合などは、均等に分割してしまうと、商売や農業を続けていけなくなるという問題が出てきました。そこで、寄与分制度が導入されたのです。

寄与分はどのようにして決められるのか

では、どのように寄与分を計算するかというと、相続時の相続財産の価額から、寄与分の価額を除きます。それを相続分に従って分割し、寄与があった相続人には、除いておいた寄与分の価額を加えて相続財産を計算します。

寄与分は共同相続人の協議で決めます。協議が整わないときは、家庭裁判所で、寄与の時期や方法、その程度、相続財産の額その他一切の事情を考慮して、寄与分を定めてもらいます。

みかん畑を維持することにより価値の減少が防げたとして、みかん畑の評価額の30％を長男の寄与分として認めたケースがあります（２０１５年）。一方で、郵便局事業に従事していた相続人は「月額25万円から35万円という相応の収入を得ていた」（すなわち給料を受け取っていた）として、特別の寄与は認められないとしたケースもあります（２０１５年）。

このように寄与は、無償で行われた場合なので、それまでの未払給与、あるいは一種の退職金とも考えられています。

家業を手伝う場合は給料を受け取る

現実には、寄与分の算定はなかなか難しいところです。ですから、相続の段階で寄与分の請求をしなくても済むように、家業を手伝う場合には、青色事業専従者として給料を受け取り、自身の財産を作ることも大切です。

そうすれば、将来家業を継ぐために事業用財産のすべてを相続することで、他の相続人の相続分を侵害した場合でも、その蓄えから代償金に当てることができます。

4-10 被相続人の介護をした人がいる場合はどうなる？

特別の療養看護・介護をした人も寄与分が請求できる

財産の減少を防いだ場合も特別の寄与となる

寄与の例としては、家業以外にも相続人のうち特定の人が介護を受け持ったことで、介護費用が少なくて済み、被相続人の預金がその分残ったなどの場合も考えられます。

このように、親族の間でも特別な療養看護だった場合は、寄与分の対象となります。

日常的な介護は寄与分の対象にならない

ただし、寄与分の対象となるのは、「特別の寄与」の場合で、夫婦や扶養義務者の間の日常的な介護は対象になりません。夫婦はお互いに協力し扶助する義務がありますから、家庭生活での妻の内助の功や、事業への日常的な協力は特別の寄与に当たらないと考えられています。

また、直系の血族や同居の親族の間にも、お互いに助け合う義務がありますから、この範囲のものも、特別の寄与には当たらないと考えられています。

「日常的な寄与」と「特別の寄与」との区別も難しいのですが、他の相続人に比べてより多くの労力を提供する、あるいは経済的援助などをすれば、特別の寄与といえるでしょう。

「特別寄与料」の請求ができる（2018年の相続法改正で創設）

寄与分を請求できる人は共同相続人ですが、被相続人の親族で、被相続人に対して無償で「特別の寄与」となる療養看護をした者（特別寄与者）は、相続人に対して寄与に応じた額の金銭の支払いが請求できるよう、寄与の範囲が広げられました。これを「特別寄与料」といいます（2019年7月1日施行）。

当事者間で話し合いがつかないときは、家庭裁判所に請求することができますが、相続後6か月または1年を経過しない時点で請求するという制限があります。

なお、「特別寄与料」は、遺贈と同様、相続財産と考えられています。つまり相続税の対象となります。

特別寄与の請求金額の算定も難しいでしょうから、相続ではなく、平素から介護保険に準じた金額でその対価の支払いを受けておくとよいでしょう。

寄与分と遺留分の関係は？

寄与分と遺留分（最低限の相続分のこと）との関係は、いずれが優先するかについて見解が分かれています。これを表す判例として、地裁の判断は、長男が跡取りとして農業に従事し、被相続人の療養看護にもあたったとして、寄与分は遺産の7割を下らないと判断されました。立法趣旨からすると寄与分と考えられたからです。しかし、この結果、他の相続人の取得価額は遺留分額より大幅に下回りました。そこで控訴審では、遺留分を侵害しないということも考慮しなければならないとして、遺産分割のやり直しを命じました（1991年）。難しい問題です。

4-11 相続人がいないときの財産はどうなる？

特別の縁故者に分与される

相続人がいない場合の特別縁故者への分与

民法で決められた手続きにしたがって、相続人を探したにもかかわらず、相続人が現れなかった場合は「相続人の不存在」が確定し、亡くなった人（被相続人）と特別の縁故があった人（特別縁故者）に、相続財産を分与することができます。相続の放棄がされた場合もこれに該当します。

１９６２年にこの制度が設けられるまでは、相続人がいないことが確定すると、相続財産は国庫に入っていました。しかし、被相続人と深い縁故のあった人々に分与される道をひらいておいたほうが、相続財産を適切に処分できるという観点から、このような制度が創設されました。

特別縁故者になる人は？

①被相続人と生計を同じくしていた人＝婚姻届または養子縁組を出してはいないが、被相続人と長年にわたって夫婦または親子同然の生活を送っていた人

②被相続人の療養看護に努めた人＝報酬を受け取って世話をした看護師や家政婦など

③その他、被相続人と特別の縁故があった人＝長年にわたって被相続人に経済的援助をしたり、あ

るいは精神的な支えとなって、相談相手になっていたような人生活保護や葬儀を行った市区町村、故人が永代供養料を納めることを希望していた宗教法人も認められています。

特別縁故者からの3か月以内の請求が必要

家庭裁判所は、特別の縁故者からの請求によって、相続財産の全部または一部を与えることができます。分与にあたっては、縁故関係の内容・濃淡・特別縁故者の職業・年齢・資産・遺産の種類・額などを考慮して判断されます。

この財産を受けたい特別縁故者は、最後の相続人捜索期間満了後3か月以内に家庭裁判所に申し立てなければなりません。

分与された財産には相続税がかかる

分与を受けた場合、財産の価額は分与を受けた時の評価額（時価）で、控除される基礎控除額（3000万円）などは被相続人の死亡時の相続税法が適用されます。しかし、ここが問題になるところです。特別縁故者が家庭裁判所の審判で確定するまでには長い年数がかかることがあります。その間、評価額が上がって、基礎控除額も改正され変わっているにもかかわらず、それが適用されず不都合な結果になったケースでは、取得時の税法を適用させるよう主張しましたが、認められませんでした（1984年）。

少子化の時代となって相続人不存在のケースが増加することも考えられます。だれに後を託すか決めておくとよいでしょう。

4-12 生前に財産を受け取っている場合の相続は？

↓

民法では特別受益は相続財産に加えるが、相続税の対象は死亡前3年以内のものに限られる

財産を受け取っている人を特別受益者という

相続人が、死亡した人から生前に、特別の理由で財産を受け取っていた、あるいは遺贈されている場合は、相続のときに考慮をしないと、相続人の間で不公平が生じます。このように、すでに財産を受け取っている相続人を「特別受益者」といい、この特別の贈与を「特別受益」といいます。

特別受益とされる贈与とは

①被相続人から遺言で特別に財産を受け取ることになっているもの（遺贈）
②結婚・養子縁組のための贈与や持参金、結婚のための家や諸道具などの贈与
③生計の資本としての贈与、すなわち商売の資金や店舗の提供など

また、死亡退職金や死亡保険金も特定の相続人が受け取るので、特別受益と考えられています。

特別受益がある場合の「持戻し」という考え方

民法上は相続のときに、現実にある相続財産の価額に、すでに受け取っている各人の特別受益の価額を加えます。これを「持戻し」といい、この特別受益額を加算した価額を、相続財産の総額と

みなして、各人の相続分を計算します。相続人は自分の相続分から、すでに受け取っている特別受益額を差し引いて、相続時の受取額を計算します。課税の対象とは異なります。

特別受益は相続時の価額で計算する

10年前の金銭の特別受益は、異常なインフレなどなければ額面どおりなのですが、20～30年前に贈与された土地や建物のように、価額に変化のあるものはどう扱われるのでしょうか。

たとえば、土地の半分がすでに贈与され、残りは相続財産になったとき、贈与当時の時価が1000万円、相続時の評価額は1500万円だったとしたら、同じように評価しなければ、相続人間の公平を図る「持戻し」の趣旨に反します。そこで判例では相続時の価額で行われています（1976年）。

贈与された財産はもう使っていて、相続のときになかった財産、たとえば金銭が土地に変わっていたとしても、贈与当時の原状のままあるものとして（この場合は金銭として）、相続財産額を計算します。

相続税では3年以内の贈与だけを加算する

民法上の「特別受益」は、いつ受け取ったかに関係なく、相続人間の公平という観点からすべて相続財産に加算して遺産分割の対象としますが、相続税の計算では、過去のどこまでも課税対象とするのは適当ではないことから、被相続人死亡前3年以内の贈与に限定しています。なお、配偶者の居住用不動産の贈与については、制度の趣旨を尊重して、加算しなくてもよいことになりました（⬇4-5）。この場合、贈与の際に支払っていた贈与税は、相続税から差し引きます。

4-13 多額の借金があるけど、相続しなければいけない？

相続は放棄することができる

借金が多い場合は「相続を放棄する」という方法もある

相続は原則として、死亡した人の権利と義務が、相続人の意思とは関係なく、自動的に移転します。とはいえ、支払義務のある借入金などのマイナス財産がプラスの財産より多くても、すべて相続しなければならないとするのは相続人にとって大変酷なことです。

そこで、このような相続人を保護するために、相続をしたくない人は、単独で相続を放棄することができるようになっています。ただし、本来の趣旨を離れて、特定の人、たとえば長男に相続させるために、ほかの相続人に放棄を強要すべきではありません。

相続放棄は3か月以内に家庭裁判所に申述する

相続を放棄しようとする人は、「自己のために相続の開始を知った時」から3か月以内に、被相続人の住所地または相続開始地の家庭裁判所に「相続放棄申述書」を提出して申述します（申請と同じ意味です）。相続を放棄すると、その人は最初から相続人にならなかったものとみなされます。3か月以内に放棄しないと、マイナスの財産が多くても自動的に相続を認めたものとみなされます

（法定単純承認）。

なお、相続は死亡によって開始します。また、「相続の開始を知った時」とは、たとえば父親が死亡して、「相続開始の原因である死亡という事実」と「これにより子である自分が相続人となった事実」を知った時です。

放棄の期間は伸長することができる

特別の事情があった場合は、3か月という期間を延ばすことができます。また放棄する前に相続財産を調査することもできます。

たとえば、十数年前に家出をした父が行倒れで死亡し、妻子は借金などないと信じていましたが、半年後に連帯債務があるとして請求され、驚いて放棄の手続きをしたというケースで放棄が認められています。この場合の「3か月以内」は、債務を知った時からと判断され、特別の事情が認められたケースです（1984年）。

相続放棄した人は相続税の非課税適用がされない

遺産にかかる基礎控除額や死亡保険金・死亡退職金から控除される非課税額の計算は、一定額に法定相続人の数を掛けて計算しますが、このときは、相続放棄をした人の数も含めて計算します。しかし、死亡保険金や死亡退職金を受け取った人が相続放棄をすると、相続人ではなくなるので、このときの非課税の適用は受けられなくなります。

したがって、保険金等があるからほかは遠慮するという場合は、相続放棄ではなく、遺産分割協議書で減額またはゼロとする方法がよいでしょう。

4-14 借金とプラスの財産が不明の場合、どうすればいい？

相続財産は範囲を決めて相続できる（限定承認）

プラスの財産の範囲内で債務を引き継ぐという方法もある

被相続人（たとえば父）に多額の借金がある場合、相続を放棄する方法のほかに、「限定承認」という方法があります。はじめから借金しかないことがわかっている場合は相続放棄でよいのですが、プラスの財産もあるというときは、プラスの財産の範囲内で、借金を引き受けるという限定承認が可能です。しかし、相続放棄は、他の相続人に関係なく自分の意思だけで単独でできますが、限定承認は、相続人全員が共同で家庭裁判所へ申し立てなければなりません。

限定承認も3か月以内に

限定承認は、相続の開始を知った時から3か月以内に、家庭裁判所へ「相続の限定承認の申述審判申立書」を、相続人全員が共同して提出しなければなりません。添付書類は、被相続人・相続人全員の戸籍謄本と、資産や負債を記載した財産目録です。

なお、限定承認や相続放棄をしたい場合に、家庭裁判所へ申し立をする前に、一部でも相続財産を使ったり、隠したりすると、限定承認や相続放棄が認められなくなり、普通の相続と同じに扱われます。つまり、借金も全額相続しなければならなくなりますので、注意が必要です。

限定承認をすると譲渡所得税がかかる

限定承認をすると、不動産があった場合は清算手続き（売却して債務を弁済するなど）が行われることがあります。この売却がずっと後になったとしても、限定承認をした場合は、被相続人が相続開始の時に時価で不動産を譲渡したものとみなされます。

もし、被相続人が所有していた不動産が買ったときより値上りしていれば、その値上益に対して所得税がかかりますので、相続人（代表者を選んでもよい）は4か月以内に所得税の申告をしなければなりません（これを準確定申告といいます）。このとき支払うべき税額があれば、限定承認ですから相続財産の範囲内で支払います。

限定承認の選択は難しい

限定承認をしたが、債務を支払っても財産が残った場合には、相続税の申告が必要です。債務を早く調べて、限定承認か相続放棄か、または普通の相続かを3か月以内に選択しなければなりません。債務は全くないと思っていたのにあったなど、特別の事情（➡4-13）があれば、この期間は延ばすことができます。

限定承認が一番難しいのは、被相続人の財産に一切、手をつけてはいけないことです。お葬式費用を預金口座から引き出したら、その時点から限定承認をすることができなくなります。ということで、現実に行われるのは非常に少ないそうです。

4-15

親が亡くなったが、当面の費用を払い戻したい…

遺産分割の前でも、預金の払戻しが認められる（預金の払戻し制度）

払い戻せないと、相続人に負担がかかる

共同で相続した預貯金について、遺産分割の前でも、各相続人は払戻しができる制度が創設されました（遺産分割前の払戻し制度。２０１９年7月1日施行）。

これまでは、相続が開始すると、遺産のうち預貯金は、遺言がない限り共同相続人全員の共有財産となり、遺産分割の対象になりました。そのため、遺産分割が完了するか、相続人全員の同意がなければ、金融機関などの口座から払い戻しができませんでした。

このように、口座から払い戻しができないと、たとえば相続人の1人が葬式等を取り仕切らなければならないときは、個人的に立替えなければならず、相続人にとっては大変な負担となっていました。

当面必要な生活費の払戻しが認められる

改正により、共同相続人のそれぞれは、標準的な当面の生計費、平均的な葬式の費用、その他の事情を考慮して、払戻しを求めることができます。ただし、遺産である預貯金債権のうち、相続開

始時の預貯金債権額の3分の1に法定相続分を掛けた金額か、150万円のいずれか低いほうの金額が限度とされます。

なお、この限度額は、金融機関ごとに適用されます。もっとも、近時は、金融機関では、生前に相続人を指定させ、単独で葬式費用ぐらいは引き出せるようにしています。

払戻しは相続財産となる

「払戻し」を受けた預貯金は、「共同相続人が遺産の一部の分割によりこれを取得したものとみなす」として取り扱われます。当然のことながら、相続財産となります。

つまり、払い戻された預貯金は、遺産分割によって引き出した相続人が取得したものとみなされ、相続分の計算の際に差し引かれます。

払戻し請求により、これまで被相続人から離れて独立して生活をし、被相続人の面倒をみてこなかった相続人であっても、自由に払戻しができることになりました。しかし、さしあたっては葬式費用などを支出する相続人や被相続人の扶養家族だった相続人に限定すべきではないかと思います。

なお、トラブルを避けるためにも、払戻し制度を利用するときは他の相続人には事前に連絡をするなどし、葬儀代や被相続人の負債の返済に支払った場合には、必ず領収証を保管しておくとよいでしょう。

4-16

遺言書が発見された！　どうしたらいい？

開封せずに、まずは家庭裁判所で検認してもらう

遺言書は家庭裁判所で検認を受ける

封印のある遺言書が発見された場合、たとえ相続人であっても勝手に開けてはいけません。遺言書を保管していた人も同じで、家庭裁判所で相続人（またはその代理人）の立会いがなければ、開封することはできません。なお、家庭裁判所で開封してもらうことを「検認」といいます。

遺言をした人が亡くなったことを知ったら（相続の開始を知ったら）、できるだけ早く遺言書を家庭裁判所に提出して、この検認を受けなければなりません。封印のある遺言書を検認せずに、勝手に開けると5万円以下の過料に処せられます。これは刑法上の罰金ではなく、行政上法律に従わなかったということで「過ち料」といわれています（ちなみに、住所移転の届出を期限内にしなかった場合なども同じです）。なお、封印されていない遺言書や公正証書遺言は検認の必要はありません。

検認は形式の確認と偽造・変造の防止のために行う

検認とは、一種の確証で、遺言書がどんな紙に何で書いてあるかなどその状態や、どんなことが書いてあるかなどその事実を調査し、検認調書を作成することです。

この手続きの目的は、遺言書が本当に遺言者によって作られたものであるかを確かめ、利害関係のある人にその内容を知らせることです。遺言書を検認しないからといって、罰則はあっても遺言書自体が無効となるわけではありません。しかし、遺言書を偽造や変造、破棄したり隠したりして、他の相続人から訴えられれば、相続人としての地位を失うことになります。

検認の手続きは家庭裁判所へ検認の申立てをします。申立書は、相続人の本籍、現住所などの必要事項を記載して提出すると、各相続人に期日を指定した呼出状がきますから、その日に出頭して検認してもらいます。

働く妻にも遺言書作りが増えている

近時、独身者や共働きをする女性の間で、遺言書作りに関心が集まっています。女性が自分の資産を持つ機会が増えると、その使い道を自分で決めたいという意識も高まると考えられています。つまり、自分の財産は自分で管理することを生前から明らかにし、死後も自分の意思で処理したいという思いです。しかし、せっかく作成した遺言も発見されなければ意味がありません。このような状況を踏まえて、遺言を法務局に保管できる制度ができました（⬇4-18）。そうすれば、遺言書の存在が明らかになり、また内容を秘密にしておけるなどのメリットがあります。

財産の有無にかかわらず、終末医療やお葬式のことなど、終活ノートを作っておくことも望ましいですね。

4-17

遺言書を作りたいが…

決められた方式に従わないと無効となる

遺言書には、遺言の自由と一定の方式が要求されている

遺言書は、民法に決められた一定の方式で作成しなければ無効になります。遺言書の作成は、本来まったく個人的なことなので、どのように作ろうと自由なのですが、遺言者の死亡後、遺言書をめぐって争いが生じても、その真実を確かめることができません。そこで民法では、厳格な方式を決め、偽造や変造ができないようにしています。

主に、自筆証書遺言、公正証書遺言（➡4-19）、秘密証書遺言（➡4-18）があります。

公正証書遺言の作成費用（目安）は？

遺言の作成の場合、あくまでも一例で、遺産額や作成者などにより費用は異なります。図表を含め、目安とお考えください。

・弁護士事務所…財産の大きさにより異なり、約20万から300万円くらい
・司法書士や行政書士事務所…一律に約7万円から15万円くらい
・信託銀行や信託会社…約30万円から100万円くらい。保管料や書き換えは無料といったサービ

スもあるようです。

● 遺言書の記載例

遺言者豊島道子は、この遺言書によって次の遺言をする。

1、遺言者豊島道子は、下記に記載の不動産を◯◯市◯町一丁目25番地　豊島一子に相続させる
　◯◯市◯町五丁目35番地　所在
　宅地　245.18㎡
　家屋　木造瓦葺2階建1棟　建坪165㎡

2、遺言者豊島道子は上記記載の不動産以外の現預金のすべてを◯◯市◯町三丁目35番地　豊島二子に相続させる

3、◯◯市◯町七丁目45番地　渋谷一郎を遺言執行者に指定する

令和◯年◯月◯日
　◯◯市◯町一丁目25番地
　遺言者　豊島　道子　印

上記★印の部分は、遺言書の方式によって次のように書く。

★秘密証書遺言の場合
　上記遺言のためこの遺言書を作り署名して印を押した。

★自筆証書遺言の場合
　上記遺言のため遺言者自らこの証書の全文を書き日付及び氏名を自書し印を押した。

● 各遺言証書の特徴

<table>
<tr><th></th><th>作成者</th><th>承認</th><th>署名者</th><th>検認</th><th>秘密</th><th>偽造・変造・滅失の恐れ</th></tr>
<tr><td>自筆証書遺言</td><td>遺言者</td><td>不要</td><td>遺言者</td><td>必要</td><td>保持できる</td><td>あり</td></tr>
<tr><td>公正証書遺言</td><td>公証人</td><td rowspan="2">2人以上</td><td rowspan="2">遺言者
証人
公証人</td><td>不要</td><td rowspan="2">保持
できない</td><td>なし</td></tr>
<tr><td>秘密証書遺言</td><td>だれでも
よい</td><td>必要</td><td>滅失の恐れ
あり</td></tr>
</table>

4-18

遺言書は自分で作れる？

自分でも作れるし、第三者に書いてもらうこともできる

自筆証書遺言は手書きのもの

自筆証書遺言は、遺言者が遺言書の全文、日付と氏名を自書し押印します。自分で書くのは、筆跡から遺言者が書いたことを明らかにするためです。また、相続法の改正により、遺言書に添付する財産目録については、パソコン等での作成や、通帳の写し、全部事項証明書（一般的には登記簿謄本）の添付でよいことになりました（ただし、署名と押印が必要）。２０１８年1月より施行されています。

日付は重要な役割を果たしますので、年・月・日まではっきりと自筆で書かれていなければなりません。この記載がなければ、遺言書自体、全部が無効となってしまいます。一度作った自筆証書遺言に新たに加筆したり、削除その他の変更をするには、変更した箇所を指示し、これを付記して署名し、その変更の箇所に本人が実印で押印しなければ、その効力はありません。

第三者に書いてもらうことができる

遺言の内容を秘密にしておきたいときに作る方式を、秘密証書遺言といいます。自筆証書遺言と

違って、他人に書いてもらうこともできます。ですから、字がうまく書けない場合は、秘密が守られる第三者に書いてもらいます。それだけに手続きは厳しく、また公正証書遺言と同様に費用もかかります。

秘密証書遺言とするには

①遺言者がその証書に署名し印を押すこと。文章は書けなくても、名前は判明できる程度に書けなければなりません。筆者は定められていませんから、パソコン使用も可能です。

②遺言者がその証書を封じ、証書に用いた同じ印で封印すること

③遺言者が、公証人1人および証人2人以上の前に封書を提出して、自分の遺言書であること、筆者の氏名、住所を申述すること、など

改正により、自筆証書遺言は法務局に保管できる

自筆証書遺言は、指定された法務局（遺言保管所）で保管する制度が創設されました（2020年7月10日施行）。この場合、日付の有無などの形式を確認したうえで保管されますので、形式が不備で遺言書が無効になる、ということがなくなります。また、これまでの自筆証書遺言は、家庭裁判所での検認手続きが必要でしたが、これも不要となりました。

法務局で保管してもらうには、作成者本人が法務局に出向いて担当者と面談しなければなりませんので、認知症になってから強制されて作成する、ということも防止されます。

また、この保管により、遺言書が隠されたり、破棄されるようなことがなくなります。

4-19

遺言はだれでもできる？

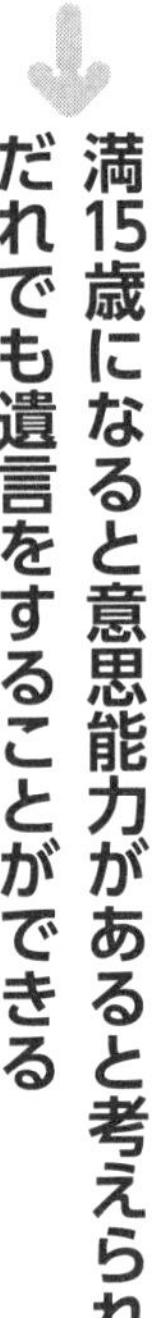

満15歳になると意思能力があると考えられ、だれでも遺言をすることができる

公正証書遺言は無効の心配がない

自分で遺言書を作るのは一番手軽な方法ですが、内容や方式に不備があって無効となったり、紛失しないような保管場所の問題などもあります。そこで公正証書遺言にしておけば、内容が明確であり、また方式が不備で無効になるなどの心配がありません。

また、口がきけない、耳が聞こえないなどにより自分で作成できない人でも、公証人と証人の前で、手話通訳または筆談によって公正証書遺言をすることができます。成年被後見人（精神上の障害等により、成年後見人を選任している人）の場合も、判断能力を回復しているときは、医師２人以上の立会いがあれば、遺言することができます。

公正証書遺言は一定の方式に従う

公正証書遺言を作るには、原則として公証人役場に行きます。

①証人２人以上の立会いがあること
②遺言者が遺言の意思を公証人に口授（くじゅ）すること

③公証人が遺言者の口授を筆記し、これを遺言者や証人に読み聞かせること
④遺言者と証人が、筆記の正確なことを承認した後、各自これに署名し押印すること。遺言者ができない場合、公証人がその理由を付記して、署名に代えることもできる
⑤公証人が以上の方式にしたがって作ったものであることを付記し、署名押印すること

公正証書遺言は、原本が公証人役場に保管されますので、偽造されたり、変造されたりする心配はありません。したがって、自筆証書遺言や秘密証書遺言のように、家庭裁判所の検認は必要ありません。

口授があったかどうかで問題となる場合がある

公証人が筆記した文章が本当に遺言者が口授したものかどうかで問題になることがあります。公証人の質問に対し、たんに首を上下左右に振る挙動でしか返事ができなかった場合は、口授にあたらないとされています。また、寝たままうなずき、左手の指で丸輪を作って了解したことを示す「OK」という仕草をした場合、前後の状況から、口授があったと認められるケースもあります。

公正証書遺言のメリット・デメリット

公正証書遺言には、2人以上の証人の立会いが必要ですから、作ることや内容を秘密にすることはできません。また、作成には費用がかかります。しかし、死後に遺言書の作成をめぐる争いは避けられます。自筆で作っていても、その存在がわからず、遺言者の意思が生かされないという心配もありません。

4-20 遺産分割の前に処分してしまった財産があるが…

処分した財産も、遺産として相続財産とみなされる

処分した財産がある場合、これまでは不公平があった

遺産分割の対象となる遺産の範囲は、遺産分割するときに存在する財産に限定されていました。そのため、たとえば遺産分割前に、相続人の1人が遺産の一部を処分（たとえば売却するなど）して利益（代金）を得ていた場合でも、処分された遺産を除いた遺産を分割することになっていました。

このような場合、処分したその相続人は、その売却代金とは別に、遺産分割の取り分も受け取れることになり、他の相続人との間で不公平が生じていました。

遺産分割前に処分した財産の対応

2018年の改正により、遺産の分割前に共同相続人の1人が遺産を処分した場合であっても、共同相続人のうち処分をした共同相続人を除いて他の人の同意があれば、処分された財産も遺産として存在するものとみなし、遺産分割の対象とすることができることになりました。しかも、処分者の同意を得る必要はありません。これは、公平な遺産分割が行われるようにするために設けられ

た規定です（2019年7月1日施行）。たとえば、地方にある土地を処分した場合などが考えられます。

この結果、処分で得た利益（売却代金など）を処分者の具体的な相続分から差し引くことができます。

財産が全部処分されていても遺産は存在する？

遺産の一部が処分された場合だけではなく、遺産の全部が処分されたとき（売却されたときなど）も遺産は存在するとされ、遺産分割の対象とされることになります。しかし、このような状態での分割は、現実には分割すべき遺産はありませんから、「もはや遺産分割とは言い難い」というような批判もあるようです。

既に処分された遺産も存在するとみなされるので、相続人間の公平性は図れますが、相続税法上は3年以内のものは課税の対象とされる財産となりますので、相続税の総額が増え、他の相続人の税金も増えることになります。

このような場合は相続人間の話し合いで解決すべきですが、それが無理なら家庭裁判所で解決してもらうことになります。

4-21

遺産分割はいつ、どのようにする？

遺産の分割は自由にできるが、家庭裁判所に分割の請求もできる

遺産の分割はいつでも自由にできる

人が亡くなると相続が開始します。相続人が何人かいる場合（共同相続人）、相続財産は共同相続人の間で、法定相続分に従って共有となります。分割しなければ、いつまでもこの共有状態が続きます。

亡くなった人（被相続人）が遺言で分割を禁止していない限り、共同相続人はいつでも自由に協議し、遺産の全部または一部を分割することができます。ただし、遺産の一部の分割については、他の共同相続人の利益を害するおそれがある場合にはできません。たとえば配偶者は、全部分割を望むのに、子が応じないため生活にも影響が出ることが予想されるような場合などは、配偶者の「利害を害するおそれ」といえましょう。この遺産の一部を分割できることについては、以前から行われていたものを、２０１８年の改正により明記されました（２０１９年7月1日施行）。

たとえば分割しやすい不動産や預貯金だけを分割し、分割に時間がかかる山林などは未分割の相続財産として明記しておく遺産分割協議書を作成することもできます。この場合、分割しない遺産

は法定相続分により共有となっています。

遺言で分割を禁止することもできる

被相続人は、遺言で分割の方法を決めたり、あるいは決めることを第三者に頼んでおくこともできます。また、分割するときに子どもが未成年者であることが予想される場合には、相続開始の時から5年以内なら、分割を禁止しておくこともできます。このような場合は遺言に従えば、期限が来るまで分割しないでおきます。ただし相続税は、法定相続分に従って取得したものとして10か月以内に申告し、納税しておく必要があります。

遺言がなく、話し合いをしても遺産分割の協議が調わないときは、家庭裁判所に遺産分割を請求することができます。また、「特別の事由」がある場合には、家庭裁判所は、期間を定めて遺産全部または一部について、分割を禁止することができます。たとえば、相続人の資格をめぐって養子縁組の無効が争われている、あるいは相続財産の範囲が確定していない場合などです。

未成年者がいる場合には特別代理人を選任する

遺産分割をする場合、たとえ親子でも、親権者と未成年の子のときは利害が反します（親が子の不利益となる行為）。たとえば、親と子の相続分は2分の1ずつですが、親が多くもらってしまうなどの行為です。

親権を行う者は、その子のために特別代理人の選任を家庭裁判所に請求しなければなりません。また、未成年の子同士で利害が反する場合には、別の特別代理人が必要です。

4-22 遺産分割協議書を作りたい

遺産分割協議書は相続人の合意で作成する

遺産分割協議書は、相続の開始後、相続人間の合意によって、いつでも作ることができます。ただし、遺言書で一定の期間、たとえば子が成年に達するまでなど分割を禁止することが決められている場合を除きます。協議分割の当事者は、①共同相続人、②相続人と同一の権利義務を有する包括受遺者、③相続分の譲受人です。この当事者を除いて行われた協議分割は無効です。包括受遺者とは、遺言者の一身専属的権利（医者や税理士、弁護士など）を除く一切の権利義務を承継する者です。たとえば事業を継ぐ相続人などです。

自分の相続人としての地位を譲り渡すことを相続分の譲渡といいます。自分が受け取る相続財産の譲渡ではありません。譲渡する人は他の相続人でも第三者でも可能です。これを譲り受ける人が、相続分の譲受人です。

なお、遺産分割協議書は、相続人が作る場合以外、専門家に依頼することもできます。たとえば司法書士なら、遺産分割後の不動産の登記まで依頼することができます。

相続税の申告には評価が必要となる

遺産分割協議書に不動産の評価額は記載しませんが、これを念頭に置いて遺産分割を行います。

相続税の申告は、死亡時の時価で財産を評価しますが、遺産分割をする時期が、相続開始から長期間たっていると、株式や不動産などのように評価額が変動するものがあります。判例や実務では、一般的に分割した時点での評価額を基準としています。

●遺産分割協議書の例

遺産分割協議書

被相続人甲（令和○年○月○日死亡）の遺産について、共同相続人全員において、遺産分割の協議を行った結果、次のとおり分割し、これを取得した。

一 相続人乙は次の遺産を取得する。
東京都豊島区〇〇一丁目五番地所在
宅地　325平方メートル
家屋番号6　木造瓦葺二階建て1棟
床面積　200平方メートル

二 相続人丙、丁は次の遺産を2分に1ずつ取得する。
〇〇銀行港支店の定期預金〇〇万円
〇〇電気株式会社株式〇〇株

三 この遺産分割協議書に記載されていない財産は、すべて乙のものとする。

以上のとおり遺産分割協議が成立したので、協議書を3通作成し各自署名押印のうえ、1通ずつ所持するものとする。

令和○年○月○日

東京都豊島区〇〇一丁目五番3号
相続人　乙　印
東京都港区〇〇二丁目六番3号
相続人　丙　印
東京都渋谷区〇〇三丁目二番9号
相続人　丁　印

※（乙は配偶者、丙、丁は子）

4-23

相続財産が自宅しかないが、どう分けたらよいか？

↓

遺産分割は現金での分割（換価分割）が原則。そのほかに代償分割もある

自宅を売って支払う方法が難しい場合

相続財産が自宅しかない場合は、その自宅を売ってお金で分けるのが一番簡単です。これを「換価分割」といいます。とはいえ、自宅を売るわけにはいかない場合は、相続人の1人が自宅を受け取って、他の人には代償金を支払うという方法があります。これを「代償分割」といいます。

代償分割をするには、不動産を分割することが難しいといった事情のほかに、遺産を取得する相続人に代償金の支払い能力がなければなりません。この点を考慮せず、不動産を相続人のうち1人が所有し、その他の相続人に代償金の支払いを命じた遺産分割の審判は違法であるとして、取り消された事例があります。

代償金は現金で支払うのが原則

代償金を支払うお金がないので、代わりに、相続人が以前から所有していた不動産を渡した場合には、その不動産を売ってその代金を支払うことと同じですから、渡した人に譲渡所得が生じたときは、所得税と住民税が課税されてしまいます。

したがって、お金があればお金で支払います。たとえば相続で取得した不動産を担保にして銀行からお金を借りて支払うのもひとつの方法でしょう。

代償金の計算のしかた（取得費の特例）

被相続人（たとえば親）が買ったときの価額が２０００万円だった不動産を相続人である姉が取得し、妹には代償金を支払うとします。相続した不動産のその時の価額（時価）が３０００万円だった場合、たとえ相続税の評価額が２５００万円だとしても、代償金は、一般的には時価で精算します。つまり、３０００万円の２分の１である１５００万円を妹に支払います。

姉が、相続したこの不動産（たとえば土地）を将来売る場合、譲渡代金から差し引く購入代金は、親が買った時の価額（つまり２０００万円）です。これは、親が死亡する直前に売る場合と同じと考えるからです。

この例で、姉が妹に、親の取得価額の半分の１０００万円分を不動産で渡す代わりに、相続時の時価に基づいて現金で精算するので、妹に１５００万円で売ったことと同じになります。そうすると、姉には譲渡益５００万円が発生していますが、代償分割のため不動産を渡していないので、これは課税の対象としていません。

この不動産を相続開始日から3年10か月以内に譲渡した場合は、代償金も一定の計算により取得費（経費）として加算されます。「相続財産の取得費に加算される相続税の計算明細書」が参考になります。

4-24

遺産分割をやり直したいが…

遺産分割のやり直しは課税される

遺産分割協議のやり直しは新たな取得になる

相続が発生すると、遺産は共同相続人の共有になります。遺産分割を行うことによって、相続人は、相続時に遡って被相続人から分割分に応じた財産を、直接取得したものとみなされます（遺産分割の遡及効といいます。さかのぼって効力を発生させることです）。このような遺産分割は、通常やり直すことができません。やり直すと新たな財産の取得となります。

贈与税・所得税・不動産取得税などがかかる

たとえば、いったん長男が相続で取得した財産を、遺産分割のやり直しによって次男に渡せば、次男は長男から贈与されたことになり、次男に贈与税がかかります。このとき、次男が代金を支払い、長男に譲渡所得が発生すれば、長男は所得税や住民税の対象になります。

また、財産の移転による取得には不動産取得税がかかりますが、相続による取得の場合は財産を引き継ぐということで課税されません。ただし、遺産分割のやり直しは、移転があったとされて取得した人に課税されます。

遺産分割に誤りがあって無効とされた場合は相続税を修正する

遺産分割の対象とされた不動産が相続財産ではなかった、分割された土地の面積が間違っていたなど、①もともと遺産分割の前提となる事実に誤りがあり、遺産分割そのものが無効である場合があります。また、遺産分割をした後に、新たな遺産が発見されたなど、②遺産分割の後、遺産分割の前提となる事実に変更が生じた場合などもあります。

このような特別な事情によって遺産分割をやり直した場合は、相続の範囲内とされ、すでに相続税の申告をしている場合は、相続税の計算をし直すことにより相続税の増減が出てくるでしょう。

遺産分割のやり直しを認めなかったケースもある

長男が母親の面倒をみるという条件のもとに遺産分割で不動産を取得したが、義務を果たさなかったため、長男以外の者が、遺産分割を解除して、新たな遺産分割を請求したケースでは、これは相続の範囲内とは認められず、他の相続人の新たな取得となりました（１９８９年）。

一度成立した遺産分割を取り止めることは、「法的安定性が著しく害されることに」なり、この場合、面倒をみる人とみてもらう人との権利と義務の関係が残るだけとしています。つまり、遺産分割という方法以外で解決すべきだということです。

介護するということと、財産を取得するということは、どちらも不確定なことなので、将来の介護と相続財産の取得（遺産分割）に結び付けることは難しいと思います。

4-25 「遺留分」ってなに？

相続人には、必ず相続できる一定の割合がある

遺留分は侵害されない相続人の権利

遺留分とは、相続人が相続財産を必ず相続できる一定の割合をいいます。遺留分の制度は、相続人の遺産に対する期待や生活保障などの要請に法律上応えたもので、次の2つの側面があります。

1つは、自分の財産は自分で自由に処分することができ、自分が死んだ後の財産の行方も自由に決めておくことができます。これは、憲法によって私有財産制度が保障されているからです。

一方で、相続人の期待や保障などの要請があります。相続になると家族にとっては、何らかの遺産があるだろうという期待があります。また相続人の生活の保障や共同相続人間で遺産を公平に分割する必要もあります。このように、遺産処分の自由と、相続人の保障という2つの側面の調和を図るという目的が遺留分制度です。

兄弟姉妹以外の相続人には遺留分がある

遺留分がある人は、被相続人の①配偶者、②子（子が既に死亡している場合、孫などの代襲相続人を含みます）、③父母や祖父母などの直系尊属（被相続人と直接の血のつながりのある上の世代

の人）に限られます。

兄弟姉妹は他の相続人と比べて被相続人との関係が最も遠いと考えられ、配偶者のほかに子や直系尊属がいない場合にのみ相続人となりますが、遺留分はありません。ということは、相続人が兄弟姉妹だけの場合は、特定の1人に（たとえば第三者に）全財産を生前贈与しても、遺贈しても自由で、遺留分を請求されることはありません。

遺留分の割合はどのくらい？

遺留分の割合は、相続人全体に割り当てられた遺留分から計算されます。この全体の割合は、被相続人と相続人の関係によって決められています。なお、相続放棄があった場合は、他の共同相続人の遺留分が増えます。

・直系尊属（父母等）のみが相続人である場合…被相続人の財産の3分の1

・配偶者と子の場合…被相続人の財産の2分の1

個々の遺留分＝全体の遺留分×法定相続分

例　相続人が妻と子2人の場合の遺留分は？（遺産額4000万円の場合）

・妻の遺留分　4000万円×½（全体の遺留分）×½（法定相続分）＝1000万円

・長男の遺留分　4000万円×½（全体の遺留分）×½（法定相続分）×½＝500万円

・次男の遺留分　4000万円×½（全体の遺留分）×½（法定相続分）×½＝500万円

4-26 遺留分を受け取っていないが…

遺留分の不足（侵害）は請求しなければ受け取れない！

遺留分の侵害は金銭の支払いを請求する

被相続人が、特定の人に遺贈したり、生前贈与をすることにより、相続人の遺留分を侵害することがあります。遺留分のある人（遺留分権利者）は、実際に自分が受け取った遺産の額が遺留分の額より少ない場合、遺留分を取り戻すことができます。これを「遺留分侵害額の請求権」といいます。

これまでは、相続財産自体に対する権利（減殺請求権）でしたが、改正により、侵害額の請求権はそれに相当する金銭の支払いを求める権利となりました。すなわち、これまでのように遺贈や贈与された財産を取り戻すことはできなくなり、その代わりに金銭で受け取ることになりました。

請求されたら特定の財産の代わりに金銭で支払う必要がある

従来は、遺留分が侵害されている遺留分権利者から、遺留分を請求されると、受遺者または受贈者は、財産を受け取ったこと自体が無効となりますので、その財産を返還しなければならなかったのですが、金銭の支払いで解決できるようになりました（２０１９年7月1日以降の相続）。

遺留分侵害額の請求権は10年経過すると請求する権利がなくなる

遺留分の権利者は、相続の開始や侵害の対象となる贈与や遺贈があったことを知った日から1年以内に請求しないと、権利を主張することができません。また相続開始の時から10年経過した場合もできません。ということは、なんらかの事情で相続の開始等を知ったのが、相続開始からすでに10年たっていたら、侵害請求をすることはできないということです。これは権利といえども、無制限に許されるものではなく、法的な安定を考慮したものです。

遺留分を放棄することもできる

相続の開始前に遺留分を放棄しようとするときは、相続放棄と同様、家庭裁判所の許可が必要です。これは、たとえば親が特定の子に放棄を強制することを防ぐためです。

しかし、相続人の息子がすでに自分の力で財産を取得しているので、全部母親に相続させたいという場合は、放棄ではなく遺産分割協議書で子の相続分をゼロとすればよいのです。

遺留分侵害額の計算は

遺留分侵害額は金銭の支払いなので、次のように計算されます。

遺留分ー特別受益ー相続した遺産額＋承継した債務

承継した債務とは、被相続人の債務を承継している場合で、たとえば医療費などを支払っていた場合などが該当します。

4-27 相続税の対象となる財産は？

「本来の財産」と、相続したと「みなされる財産」がある

本来の相続財産とは？

相続財産は、亡くなった人が所有していたすべての財産です。プラスの財産のほか、借入金などのマイナスの財産も含みます。言い換えれば、相続または遺贈によって取得したすべての財産です。ただし、相続した自宅の住宅ローンなどが残っている場合は、借入金等の債務として、プラスの財産から差し引くことができます。

相続財産とみなされる財産もある

被相続人が亡くなる前に「死んだらあげる」という契約をする死因贈与は、民法上は相続財産といえなくても、その実態は人の死亡によって取得した財産と同じなので、これを「みなし相続財産」といい、相続税の課税対象となります。民法とは異なるところで、これは、本来の相続財産との課税負担の公平を図るためです。

「みなし相続財産」には、次のようなものがあります。

・死亡保険金＝相続によって取得するのではなく、生命保険契約によって取得するものです。

・死亡退職金＝退職給与規程などで決められている受取人に、会社から直接支払われます。
・生命保険契約に関する権利＝たとえば被相続人である夫が保険料を支払い、被保険者を妻とした保険契約をしていた場合、夫が死亡したとき、妻が満期保険金を受け取る権利のことです。この権利は、解約したときに支払われる「解約返戻金」の額が相続財産となります。

相続開始前3年以内の贈与財産も、相続税の対象となる

死亡する前3年以内に、その人から財産を贈与されていた場合、その財産は相続財産に加えなければなりません。これは、贈与税には、相続税を補う役割があり、相続税の負担を軽くするために事前に贈与をしていても相続財産としても扱われます。ただし、贈与のときに支払っていた贈与税額は、相続時に計算された相続税額から差し引きます。

贈与税の配偶者控除による贈与は除かれる

法律上の婚姻期間が20年以上など一定の条件に該当した場合は、妻（または夫）が居住用不動産等（自宅等）の贈与を受けた場合、２０００万円（贈与税の配偶者控除額）＋１１０万円（贈与税の基礎控除額）までの部分については課税されません。これによって取得した自宅等は、贈与税の配偶者控除の制度の趣旨を尊重して、贈与した配偶者が贈与の時から3年以内に死亡しても、相続税の計算をする場合は、相続財産に加えなくてもよいことになっています（⬇4－5）。

●課税される財産

土地…宅地、田畑、山林、その他土地
家屋…家屋、構築物
事業用財産…機械器具、農具、什器、備品、営業用の自動車、商品、製品、原材料、農産物、売掛金、貸付金、権利金など
有価証券…株券、出資金、貸付信託受益証券、預貯金、現金家庭用財産…家具、自家用車、書薗、骨董、貴金属
その他の財産…ゴルフ会員権、立木
債務…借入金、未払税金、未払医療費

4-28 相続税がかからない財産もある？

お墓など課税されない財産は法律で決められている

なぜ課税されない財産があるのか？

相続税の対象となる財産は、人の死亡にともなって取得した一切の財産です。しかし、なかには、こんなものにまで課税しなくてもよいのではないかという国民感情、あるいは、社会政策上の配慮から課税対象とするのは適当ではないと考えられる財産もあります。これを非課税財産としています。

課税されない財産（非課税財産）は次のようなものがある

・霊魂を祭る物＝墓地、墓石、仏壇、香典

通常、霊魂を祭る場所や物に対して相続税はかかりませんが、高価な金の仏像などは、仏壇に飾っていても課税の対象となります。

・公益事業用＝宗教、慈善、学術など、公益を目的とする事業者が相続や贈与によって取得した財産

たとえば神社やお寺などの財産です。

・国等への寄付＝申告期限までに、国、地方公共団体、公益法人に寄付した財産
・身心障害者共済給付金の受給権
・弔意金は、業務上の死亡の場合は給料の３年分（その他の死亡の場合は給料の６か月分）
・生命保険金等または死亡退職手当金等で、「５００万円×法定相続人の人数」の金額まで

なお、非課税限度額を計算する場合の法定相続人の数には、相続を放棄した人も含めます。すなわち相続の放棄がなかったとした場合の相続人の数です。

ただし、相続人に多数の養子がいる場合には、養子の数は実子がいる場合は１人、いない場合は２人までと制限されています。相続税の軽減のために多数の人を養子にすることを相続税法上で規制しています。

相続人がいるにもかかわらず、相続税軽減のために孫を養子とすることなどは、孫の将来にとって決してよいことではありません。

4-29

慰謝料や損害賠償金にも相続税がかかる？

課税されるものとされないものがある

心身の損害に対するものは課税されない

生存中に、精神的に受けた損害に対して勤務先から慰謝料を受け取る、あるいは身体の傷害に対して損害賠償金を受け取った場合には、受け取った本人に所得税は課税されません。ただし、その後、亡くなったときに現金などで残っていれば、その残額が相続財産になり、相続税の課税対象となります。

本人の死亡後に、勤務先から遺族に対する慰謝料として配偶者が受け取った場合も、本人の場合と同様に取り扱われて、所得税は課税されません。また、相続財産ともされません。

本人以外の親族などが受け取る保険金は？

損害保険契約や生命保険契約にもとづいて、「心身の損害」や「身体の傷害」に対して保険金を受け取る場合、受取人が本人以外でも、その人が配偶者や生計を一にする親族などなら、課税されないことになっています。

高度障害保険金は、支払いが本人の死亡後であっても、受取人を配偶者としている場合、この請求権は本人の生存中に配偶者に発生していますので、相続税は課税されません。

損害賠償請求権にもとづくものは相続税が課税される

死亡した人が生存していたら得ることができるであろう利益を「逸失利益」といいます。この逸失利益に対する損害賠償金を、生存配偶者（相続人）が受け取った場合、相続によって取得した死亡配偶者の損害賠償請求権にもとづいて支払われるものとして、みなし相続財産として相続税の課税対象となります。

家事労働も「逸失利益」の対象になる

逸失利益の計算は、賠償金等を算定する際の根拠とされます。逸失利益は、原則として事故前の実際に得ていた金額を基にして算式が示されていますが、出所により用語の違いもありますので、実際には専門家にご相談ください（⬇1－5）。

4-30

相続税が課税される場合とは？

基礎控除額を超える部分は課税の対象となる

相続税が課税される遺産総額とは

相続税が課税されるのは、遺産の総額から、課税されない財産（非課税財産）と、債務（借金など）や葬式費用などを除いた正味の遺産額です。なお総額には、３年以内の贈与や相続時精算課税の対象とされた贈与財産（⬇3－18）などが含まれます。

ここから、一定の金額（遺産に係る基礎控除額）を差し引いた後の金額が、相続税の課税の対象（課税遺産総額）とされます。

近年、この基礎控除額が減額されたため、相続税を納めなければならない人が増えました。

●相続税のしくみ

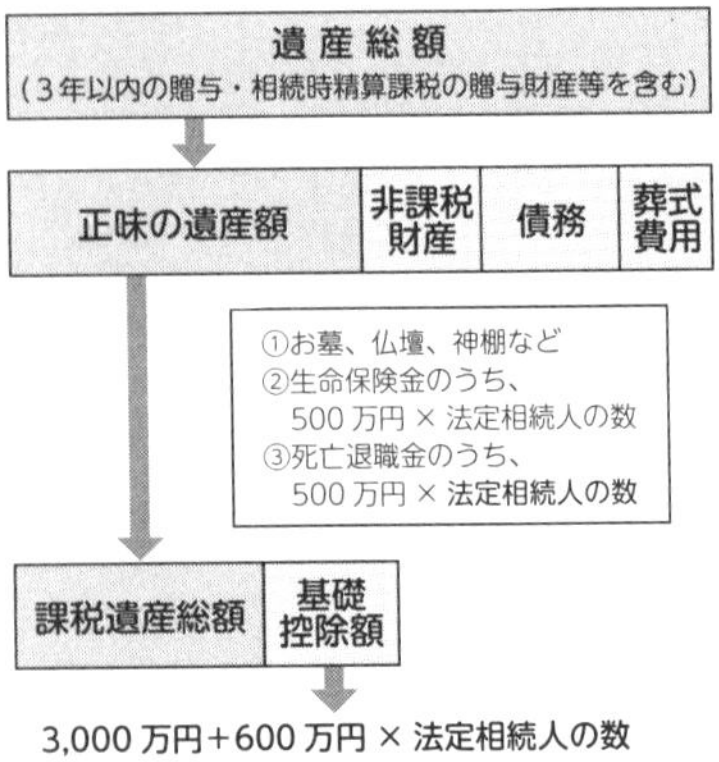

遺産総額
（3年以内の贈与・相続時精算課税の贈与財産等を含む）

↓

正味の遺産額	非課税財産	債務	葬式費用

①お墓、仏壇、神棚など
②生命保険金のうち、500万円×法定相続人の数
③死亡退職金のうち、500万円×法定相続人の数

↓

課税遺産総額	基礎控除額

↓

3,000万円＋600万円×法定相続人の数

財産がいくらまでなら相続税がかからない？

課税されない最低限の基礎控除額は、３０００万円＋法定相続人１人につき６００万円と決められています。

法定相続人が母と子2人の場合、3000万円＋600万円×3人＝4800万円までです。

相続税の総額から各人の納付額を計算する

相続税の計算は特殊です。

まず、相続税の総額を計算します。相続税の総額は、「基礎控除額」控除後の課税遺産の総額に、相続人が法定相続分に応じて取得したものと仮定して、各人の取得価額について、それぞれの税率を掛けて税額を計算し、その税額を合計します。これが相続税の総額です。

次に、各人の実際の取得財産の価額に応じて、この相続税の総額から控除税額があれば控除後の金額を配分します。

税額控除をする（一般的なもの）

各人の相続税から、基礎控除のほかにそれぞれ次の金額が控除されます。

○配偶者に対する相続税額の控除 （➡4－31）

○贈与税額控除…贈与を受けていた場合 （➡4－12）

○未成年者控除…相続人の年齢が20歳未満（2022年4月1日より18歳未満に改正）のときは、20歳に達するまで、1年につき10万円が相続税額から控除されます。

○障害者控除…相続人が障害者に該当するときは、85歳に達するまで1年につき10万円（特別障害者は20万円）が相続税額から控除されます。

ちなみに、「害」という文字には人に害を与えるという印象があり、「障碍者」または「障がい者」と表記するという意見もあります。

相続税の速算表の見方

相続税の計算は、一定額を超えた部分に、より高い税率が掛けられるしくみで、これを「超過累進税率」といいます。所得税や贈与税も同じしくみです。

1000万円以下はすべて税率が10％で、たとえば3000万円の場合は、1000万円を超えた部分が15％になります。そこで3000万円に15％を掛けて、1000万円の5％部分の50万円を差し引きます。

ただし、この計算が簡単にできるように「速算表」が作られています（上表）。

● 相続税の速算表

法定相続分に応ずる取得金額	税率	控除額
1,000 万円以下	10%	—
3,000 万円以下	15%	50 万円
5,000 万円以下	20%	200 万円
1 億円以下	30%	700 万円
2 億円以下	40%	1,700 万円
3 億円以下	45%	2,700 万円
6 億円以下	50%	4,200 万円
6 億円超	55%	7,200 万円

参照：国税庁「タックスアンサー」

●課税される遺産額

相続税が課税されるのは、基礎控除額（3,000 万円＋ 600 万円×相続人の数）を超える部分です。

相続財産（不動産・預貯金・株式など）＋みなし相続財産（生命保険金・死亡退職金など）－非課税財産（墓地・墓石など、保険金１人 500 万円、退職金１人 500 万円）－債務（借入金、医療費未払金、葬式費用など）＋死亡前３年以内の贈与額－遺産にかかる基礎控除額（3,000 万円＋ 600 万円×法定相続人の数）＝課税される遺産額

●相続税の総額の計算

〈相続人は妻・長男・次男の３人。遺産額 12,000 万円のケース〉

正味の遺産額（債務等控除後）－基礎控除額＝課税される遺産総額

12,000 万円－（3,000 万円＋ 600 万円× ３人）＝ 7,200 万円。

相続税の総額は、法定相続分により次のように計算します（相続税の速算表参照）。

妻＝ 7,200 万円× 1/2 ＝ 3,600 万円

3,600 万円× 20％－ 200 万円＝ 520 万円

長男・次男＝ 7,200 万円× 1/2 × 1/2 ＝ 1,800 万円

1,800 万円× 15％－ 50 万円＝ 各 220 万円

相続税の総額＝ 520 万円＋ 220 万円× ２ ＝ 960 万円

●各人の相続税額

相続税の総額を各人の取得財産の価額に応じて配分します。配分額は法定相続分に従うとした場合、次のようになります。

妻＝ 960 万円× 1/2 ＝ 480 万円

長男・次男＝ 960 万円× 1/2 × 1/2 ＝各 240 万円

ただし、配偶者は相続した財産が法定相続分相当額以下、または１億 6,000 万円までの金額については、相続税はかかりません（➡ **4 － 31**）。

4-31 配偶者が相続すると、なぜ相続税が安くなるのか？

配偶者の税額軽減という制度がある

税額軽減は配偶者の生活保障と内助の功への配慮

配偶者が相続しても、1億6000万円まで課税されない「配偶者の税額軽減」という制度があります。これは、夫婦財産制は別産制のため、専業主婦の場合、どんなに夫に協力しても妻名義の財産ができず、夫婦の実質的平等が図れないという実情を、税制の面から配慮したものです。同時に、残された配偶者の生活の保障という趣旨もあります。

軽減制度が配偶者の遺産取得を促進させた

かつては、長男が家を継ぐということから、財産もすべて長男が相続していましたが、戦後の民法では、子は平等に、そして配偶者も相続ができるようになりました。しかし、長男相続という慣習はそう簡単に変わるものではなく、この慣習を破ることに大きな影響を与えたのが、この相続税の配偶者税額軽減の制度です。

配偶者に相続税がかからない範囲

①配偶者の相続した財産の価額が1億6000万円以下の場合と、②1億6000万円を超えて

も法定相続分（たとえば2分の1）以内なら税金はかかりません。そこで相続人に配偶者がいる場合は、税金が少なくて済むように、配偶者に法定相続分まで相続させるようになりました。

この1億6000万円以下という軽減限度額が設けられているのには意味があります。たとえば相続財産自体が1億円の場合、配偶者が法定相続分を超えて取得すると相続税がかかるのに対して、高額取得者は、何百億円であろうと配偶者の法定相続分以下の取得なら課税されないという不公平が生じるのを避けるためです。

軽減適用の条件は、配偶者に遺産分割されていること

配偶者の税額軽減は、配偶者が相続財産を取得するためのものですから、実際に取得しなければ適用されません。したがって、相続人の間で遺産分割がもめて、相続税の申告期限までに協議が整わない場合は、税額は軽減されません。その場合、まずは申告期限までに遺産分割ができないときでも、税額軽減を適用せずに「申告期限後3年以内の分割見込書」を添付して申告書を提出し、このときに税額が出れば納税しておきます。

その後、実際に分割した際は、配偶者は税額軽減が適用されますので、納め過ぎた税金を還付してもらうため、「更正の請求」を提出します。ただし、申告期限から3年以内の分割に限られます。また、配偶者の税額軽減は、申告をすることが条件なので、たとえ税額軽減を適用すると相続税がゼロの場合でも申告が必要です。この制度と、居住用財産の軽減制度（⬇4-33）により、一般的なケースで相続財産は自宅くらいという場合は、相続税についてそれほど心配することはないでしょう。

4-32 相続財産の価額はどうやって決める？

財産の種類ごとに決められている

相続財産の価額は時価による

相続になったとき、自分の住んでいる家や土地がいくらするのか、その価額を決めることを「評価する」といい、その価額を「評価額」といいます。

評価額はその時の価額、つまり時価とされています。ただ、一口に時価といってもまったくわかりません。そこで、時価は財産の種類ごとに、具体的に決められています。

なお、価格は、たとえば「公正価格」「課税価格」などのように、一般的あるいは抽象的な金銭的価値を表すのに対して、価額は、資産の譲渡価額など、具体的に特定されたものの金銭的価値を表します。

● 主な財産の評価方法

財産の種類	評価の方法
預貯金	死亡日の預入残高とその日までの利息
宅地	市街地…**路線価方式**（土地面している道路に1m^{2}当たりの評価額がつけられている） 市街地以外…**倍率方式**（固定資産税の評価額に決められた倍率を掛ける） 居住用・事業用の減額（➡ **4 − 33**）
借地権	通常は権利金を支払った借地に自分の家を建てている場合 **宅地の評価額×借地権割合**
定期借地権	定期借地期間50年以上…更新できない **宅地の評価額×定期借地権割合×定期借地権の逓減率**
貸宅地	**宅地の評価額−借地権の価額または定期借地権の価額**
貸家建付地	アパートの敷地など **宅地の評価額−（1−借地権割合×借家権割合）**
農地	純農地、中間農地、市街地農地、市街地周辺農地に区別して評価する その他…山林、原野、雑種地、生産緑地などの土地は、それぞれ評価方法が決められている
家屋	**固定資産税評価額**
借家権	**家屋の評価額×借家権割合**（一般的に30%）
貸家	**固定資産税評価額−借家権**
株券	上場　①証券取引所の死亡日の終値、②死亡日の属する月以前3か月の各月の終値の平均 ①②の最低金額 非上場　小中大会社により異なる
ゴルフ会員権	**通常取引価格×70%**（ただし権利の内容により異なる）
書画骨董	売買実例価額、精通者意見価額などを参考にする

4-33

自宅にも相続税がかかる？

自宅や事業用の土地を相続した場合は減額される

土地と建物は別々に評価する

相続になった場合、土地と建物は分けて評価額を計算します。マンションも、敷地権（建物と一体となった敷地のこと）と、建物に分けます。通常、近年の契約書は分けてあります。

なお、土地には「借地権」（建物の所有を目的とする地上権または土地の貸借権）も入ります。

市街地の場合なら「路線価方式」、市街地以外の土地なら「倍率方式」

市街地の道路には「路線価」という価額がつけられています。自宅の敷地に接する道路の1㎡当たりの路線価に、敷地面積を掛ければ、おおよその評価額がわかります。土地の形などによって正確な評価額は変わりますので、これは一応の目安です。奥まった土地で直接の路線価がない場合は、税務署で価額を決めてもらうことができます。

また地方の土地で路線価がつけられていない土地は、固定資産税の評価額に、その土地ごとにつけられている倍率を掛けて計算します。路線価や倍率は、最寄りの税務署やインターネットで調べることができます。

被相続人の自宅は減額される（小規模宅地の評価の特例制度）

「自分が住んでいた家くらい、税金がかからずに相続させたい」、こんな人々の思いに対して、小規模宅地評価の減額制度があります。

被相続人（亡くなった人）が住んでいた自宅の敷地の３３０㎡までの部分については、配偶者や被相続人と生計を一にする親族、あるいは同居していた親族が取得して、引き続きそこに住むなど、一定の条件にあてはまれば「特定居住用宅地等」となり、その宅地の評価額から80％が減額されます。

通常の自宅だけでは相続税がかからない？

この特例の適用面積は、制度ができた当初より引き上げられましたが、相続税の基礎控除額が引き下げられましたので、実際、自宅には税金はかからないようになっているでしょうか。

たとえば、都区内の路線価が40万円として３３０㎡あると1億３２００万円、80％減額されて２６４０万円です。家族３人なら基礎控除額は４８００万円、建物と他の財産を加えてのこの金額以下なら税金はかかりません。

申告期限までに遺産分割されていること

この特例の適用によって、たとえ税額がゼロになっても、遺産が分割され、申告しなければ特例は適用されません。もし、分割されていなくても、３年以内に分割された場合には、評価減が適用されます（３年以降は特例は適用されません）。

この特例は、被相続人が住んでいたというだけではダメで、配偶者や一緒に住んで面倒をみてくれた人に相続させたいという、被相続人の意思に沿うよう配慮した制度ですから、遺産分割で取得することも要件になるわけです。

事業用の宅地なら、80％または50％減額される

被相続人の事業を相続人が引き継ぐ際に、多額の相続税がかかってしまうと、事業用の財産を売却しなければならないこともあるでしょう。そこで、事業の承継をスムーズに行うために、事業用の宅地についても特例があります。

被相続人や、その人と生計を一にしていた親族が事業に使っていた宅地などで、一定の条件にあてはまれば評価額が減額されます。減額される割合は、事業の内容や、その宅地を取得した人と被相続人との関係などによって異なります。

減額の対象は「小規模宅地」であること

評価額が減額される面積は、「特定事業用宅地等」なら４００㎡まで、不動産貸付用地は２００㎡までです。ただし重複して減額されるわけではなく、最高４００㎡までです。事業用と居住用の両方ある場合は、適用面積の調整が必要です（税理士にご相談ください）。

相続だけでなく、遺贈でも条件にあてはまれば、80％または50％減額されます。

店舗は固定資産税評価額

事業に使用している建物は、固定資産税評価額です。

●小規模宅地の評価減の範囲

土地の種類	内　容	限度面積	減額割合
特定居住用宅地	住宅として使われていた土地	330m²	80%
特定事業用宅地（不動産貸付業以外）	事業で使われていた土地	400m²	80%
不動産貸付業宅地	不動産貸付業に使われていた土地	200m²	50%

参照：国税庁「タックスアンサー」

4-34 家の価額はどう調べたらいい？

建物の評価は固定資産税評価額が基準となる

建物の用途によって評価額が変わる

自宅や借家は、それぞれ建物と土地とに分けて評価します。同じ建物でも、自宅と借家では評価方法が異なります。

自宅の建物は、固定資産税の納税通知書に記載されている固定資産税課税標準額がそのまま相続税の評価額となります。相続税の申告では、建物の所在地の市区町村役場で、「固定資産税評価証明書」の交付を受けます。

貸家は、借主（借りた人）が住むことによって、借主に借家権という権利が発生します。ですから借主に立ち退いてもらう場合に、立退料を請求されれば支払わなければなりません。そこで貸家の評価は、建物の固定資産税評価額から、この借家権の価額を差し引くことになっています。借家権の価額は、ほとんどの地域が、建物の評価額の30％です。つまり、貸家の評価額は、建物の固定資産税評価額の70％という評価になります。

貸家の価額＝自用の家屋の価額（固定資産税評価額）－固定資産税評価額×借家権割合×賃貸割合

定期借家権や貸家建付地の評価は？

定期借家権は、契約で定めた期間が来ると契約が必ず終了する借家契約です。この契約の場合、借主には借家権がなく、貸主は立退料を支払う必要がありません。この契約は、借主の権利があまりに保護され、返還してもらえないことから、貸主保護のために導入されました。

また、貸家の敷地を貸家建付地といいます。貸家は、他人が住んでいれば、処分できないなど利用が制限されますので、敷地の評価額もその分減額されます。

貸家建付地の価額＝自用地の価額－自用地の価額×借地権割合×借家権割合×賃貸割合

借地権の評価は？

他人の土地に権利金を支払って、建物を建てると、土地の一部を所有することと同じになるので、「借地権」という権利が建物に付きます。借地権は地域によって何割と決められていて、土地の評価額にその割合を掛けます。税務署やインターネットで路線価と一緒に調べられます。

賃貸用マンション等に空き家があると…

賃貸用マンションやアパートが相続財産となった場合に、一部空室があったときは、賃貸割合を掛けてその部分が減額されます。

賃貸割合＝Aのうち課税時期において賃貸されている各独立部分の床面積の割合÷その貸家の各独立部分の床面積（A）

4-35

相続になったら、いつまでに何をしなければならない？

10か月以内に相続税の申告・納税をしなければならない

相続税の申告・納付は10か月以内に

相続は、家族・親族の突然の死亡から始まります。相続の開始から、申告・納税には期限がありますから、できるだけ余裕を持って、スムーズに進めたいものです。

一般的な流れとスケジュールは、次のようなものです。

通常は相続人が死亡したことを知った日の翌日から10か月以内に、被相続人の所在地の税務署に申告し納付します。また、相続人が何人かいる場合には、連帯して納付しなければなりません。もし、遺産分割が確定しない場合でも、法定相続分に従って申告します。各人の取得額に変更があっても相続税の総額は変わらないので、相続人間で調整します。

被相続人に収入があった場合の準確定申告とは？

被相続人に給料以外に年金や不動産の収入などがあった場合は、被相続人の死亡した年の1月1日から死亡した日までの所得を、税務署に申告します。これを準確定申告といいます。

申告期限は、通常の確定申告の翌年3月15日ではなく、相続開始を知った日の翌日から4か月以内です。相続人が申告をして、所得税を納めなければなりません。なお、住民税は、翌年1月1日現在の居住者が納税者になりますから、かかりません。

配偶者は「税額軽減」が受けられる

配偶者は、税額軽減の範囲内で相続すれば相続税がかかりません。したがって、自宅は配偶者、被相続人と一緒に住んでいた相続人が取得する、事業用の土地はその事業の後継者が相続するなどの場合は、一定の面積まで評価減される制度「小規模宅地の特例」があります。いずれも、原則10か月後の申告期限までに分割されていなければなりません。

通常、遺産分割のやり直しはできないので、たとえば申告期限内分割が条件である税額軽減を受けるために、配偶者の相続分のみ分割しておいて、あとは子どもたちの将来のことがある程度確定してから分割するということもできます。ただし、未分割部分も法定相続分で分割したものとして相続税の申告は一緒にしておきます。

●相続開始後の一般的な流れと相続税の申告スケジュール

- **7日以内…死亡届提出**
- **1週間前後…火葬（埋葬）許可申請書提出**
- **1か月〜2・3か月くらい**
  - ・遺言書の有無の確認
  - ・法定相続人や相続財産の調査
  - ・相続財産の評価

【相続開始を知ったときから】

- **3か月以内…限定承認の申請、相続放棄の申請**
  - ・財産目録の作成
- **4か月以内…所得税の準確定申告と納税**
  - ・遺産分割協議の作成
- **10か月以内…相続税申告・納税**
- **1年以内…遺留分侵害額の請求**

※太字は、期限が決まっているもの

コラム4

「嫁の立場」…私の実体験

私は長男の嫁として、夫亡き後も母（姑）と一緒に暮らし、見送ったことで2つのことを体験した（1993年のことである）。

ひとつは、母が受け取っていた年金の死亡届を提出する際、世帯主である私の名前で提出しようとしたが、相続人でなければダメといわれたこと。そこで一緒に暮らしていた私の次男にしようとしたら、別世帯となっていても長男名で出すように言われたことである。単なる死亡届なのに…（現在も同様なのであろうか）。

もうひとつは、母には遺族年金があったが、特に生活費はもらっていなかったので、この分は清算してもよいと思い、母の死後、区役所へ未収年金の請求手続きに行った際、相続人全員の署名押印した委任状を添付して相続人の代表が請求するように言われたことである。これは当時当然であったが、現在、年金は相続財産ではなくなっている。

夫の死後も、家族として同一世帯で嫁と生計を一にしてきても、相続となると、嫁には相続人としての資格はない。相続人は私の子、すなわち母の孫となる。介護保険のない当時、介護は嫁の役目。見返りのない「嫁の立場」は当時問題となっていた。この嫁たちの思いが介護保険の導入につながったのである。

また、伝統的な家制度意識の残存から、姑・舅の介護は嫁があてにされていても、税制面ではその代償の一部ともいえる配偶者控除、配偶者特別控除は息子が受ける。

ある友人は、夫の親が倒れたときに「悪いけどあなたの親なのだから、あなたが面倒をみて」といって、自分は仕事を続けたという。多くの女性がこのような行動をとったら、男性ももう少し高齢社会、そして介護のことを真剣に考えるようになるかもしれない。

ドイツなどは家族の介護をする人に対して現金給付が行われている。しかし、日本では「介護の社会化」という方針に逆行する策ではないかということで、いまだ現金給付は導入されていない。

現金給付よりは、まずは施設の充実を優先させるべきであると思う。

参考文献

- 鎌倉治子「諸外国の課税単位と基礎的な人的控除——給付付き税額控除を視野に入れて」国立国会図書館調査及び立法考査局レファレンス706号（2009）
- 天羽正継「財政学Ⅰ」高崎経済大学講義資料（2014）
- 稲子恒夫「ソビエト法における個人財産と家族」法事33巻9号（1961）
- 五十嵐清「社会主義における夫婦財産制の諸問題」スラヴ研究7巻1号（1963）
- 陣宇澄『中国家族法の研究―非婚生子法を契機として』信山社出版（1994）
- 林仲宣・谷口智紀「離婚に伴う財産分与と第二次納税義務」税務弘報（2018・7）
- 二宮周平・榊原富士子『離婚判例ガイド　第3版』有斐閣（2015）
- 近江幸治『民法講義Ⅶ』成文堂（2011）
- 中山直子『判例先例　親族法―扶養』日本加除出版（2012）
- 全国女性税理士連盟（編著）『成年後見ハンドブック』清文社（2017）
- 山川一陽・松嶋隆弘（編著）『相続法改正のポイントと実務への影響』日本加除出版（2018）
- 関根稔（編著）『税理士のための相続をめぐる民法と相続法の理解』ぎょうせい（2018）
- 米倉裕樹『民法［相続法制］改正点と実務への影響』清文社（2018）
- Wセミナー・司法書士講座編『民法〈親族・相続〉第4版』早稲田経営出版（2019）

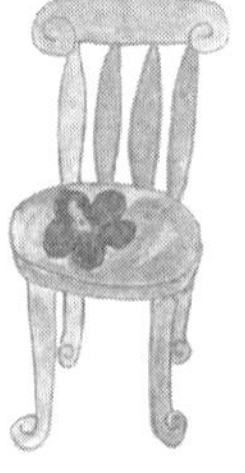

著者紹介

遠藤　みち（えんどう・みち）

税理士／全国女性税理士連盟元会長・現相談役
日本税法学会会員・研究委員
租税訴訟学会会員

1953 ～ 1964 年　裁判所勤務
1970 年　税理士試験合格
1971 年　税理士登録開業
2010 年　筑波大学院ビジネス科学研究科修士課程修了

著書

『これからの家族と財産』（ビーケイシー・2001）
『両性の平等をめぐる家族法・税・社会保障――戦後 70 年の軌跡を踏まえて』（日本評論社・2016）
＊昭和女子大学女性文化特別賞（坂東眞理子基金）受賞

主な共著

『妻たちの税金』（ぎょうせい・1986）
『妻たちの法律』（ぎょうせい・1988）
『配偶者控除なんかいらない！？』（日本評論社・1994）
『わたしの税金と年金』（ビジネス教育出版社・1997）
『家族と税制』（租税法研究双書 4）（弘文堂・1998）
『租税手続べんり事典』（ぎょうせい・1993）
『税法上の不確定概念』（中央経済社・2000）
『納税者勝訴の判決』（税務経理協会・2004）
『国税非公開裁決』（ぎょうせい・2005）
『税理士のための法律学講座』（日本税務研究センター・2008）

遠藤みち税理士事務所

東京都豊島区南池袋三丁目 16 番 10 号 502

イラスト：五十嵐恵子

暮らしにかかわる法律と税金

2021年3月10日　初版第1刷発行

著者　　遠藤　みち

発行者　　玉木　伸枝

発行所　　株式会社ビーケイシー
〒102-0074　東京都千代田区九段南3-4-5
Tel：03-5226-5061　FAX：03-5226-5067
URL：http://bkc.co.jp　E-mail：info@bkc.co.jp

印刷・製本　　株式会社ビードット

ISBN978-4-939051-63-0